Nach Herbert Paatz

Doktor Kleinermachers Erlebnisse
zwischen
Keller und Dach

Der Inhalt

Doktor Kleinermacher unternimmt mit den Geschwistern Dieter und Traute Ausflüge in jene Gebiete, die für Menschen sonst nicht zugänglich sind. Mittels seines Wunderwassers lassen sich die drei Abenteurer bis auf Fliegengröße verkleinern. Als winzige Zwerge beobachten sie Kleintiere, Spinnen, Insekten und Mikroorganismen, um alles über deren Entwicklung, Leben und Fortpflanzung zu erfahren. Dabei werden sie auch zu Zeugen der unter Tieren herrschenden Grausamkeiten. In einem winzigen Lift fahren sie am Küchenschrank hinauf. Auf ebenso kleinen Rolltreppen wird die Speisekammer durchquert. In einem Mini-Segelflieger kreisen sie durch das Schlafzimmer, in einem Mini-Hubschrauber durch den Dachbodenraum. Überall treffen sie auf seltsamste Lebewesen und geraten in atemberaubende, gefahrvolle Situationen..

Facit:: Die mit besonderer Anschaulichkeit und märchenhaft dargestellten Ereignisse sollen das Interesse jugendlicher Leser für Natur und Umwelt wecken.

Der Autor

 Herbert Paatz wurde 1898 in Berlin als Herbert Fiebrandt geboren. Um als Mitglied der KPD der Verfolgung durch die Nazis zu entgehen, wählte er das Pseudonym P a a t z. Bis Ende der Dreißiger Jahre schrieb er als freier Journalist und studierter Zoologe zahlreiche wissenschaftliche Artikel, danach die bis heute unvergessene Jugendbuch-Trilogie, die 1938 mit dem reich illustrierten Roman »DOKTOR KLEINERMACHER FÜHRT DIETER IN DIE WELT« begann. Herbert Paatz wurde noch Ende 1944 zur Wehrmacht eingezogen und fiel wenige Wochen später.

Nach Herbert P a a t z

Doktor Kleinermachers Erlebnisse zwischen Keller und Dach

Teil II
der
»DOKTOR-KLEINERMACHER-TRILOGIE«

**Überarbeitung und Neufassung durch
Claus H. Stumpff**

CHS
BUCH

Gesamtgestaltung: Claus H. Stumpff
Umschlagmotiv und Textzeichnungen: A. Zänkert
Verlag: CreateSpace Independent Publishing Platform
North Carleston / USA

ISBN 978-1545578513

DIE KAPITEL

1

TIER-OLYMPIADE IN AFRIKA

Dieter träumte noch von seiner wunderschönen Geburtstagsfeier, als irgendetwas ans Fenster klopfte. Er sprang aus dem Bett, schlüpfte in seine Hausschuhe und öffnete das Fenster. »Wer ist da?«, rief er hinaus. Da! Ein dunkles Flugobjekt rauschte fast lautlos vorüber. Dieter wollte das Fenster schnell wieder schließen. Aber der seltsame Flieger war noch schneller, klemmte seinen riesigen Körper zwischen Fensterflügel und -rahmen und sagte leise:

»He, Dieter, wir sind doch Freunde, lass das Fenster doch offen, wir – die Tiere – haben eine tolle Überraschung für dich.«

Da erst erkannte Dieter, dass es sich um einen gewaltigen Adler handelte.

»Wer bist du und was willst du von mir?«, fragte Dieter ängstlich.

»Du hast uns sehr viel Gutes getan, lieber Dieter, du bist unser bester Freund. Darum wollen wir dich, den Tierfreund, belohnen, wie noch niemand belohnt wurde. Mein König, seine Majestät der Löwe, hat mich beauftragt, dich zur Olympiade der Tiere einzuladen. Du hattest doch Geburtstag, wäre das nicht ein tolles, nachträgliches Geburtstagsgeschenk?«

»Wo findet denn diese Tier-Olympiade statt?«

»In Afrika.«

»Was? In Afrika? Wie soll ich denn dorthin gelangen? Ich habe doch weder einen Reisepass noch Geld, und meine Eltern würden das wohl kaum erlauben.«

»Wir nehmen dich in einem sausenden Flug mit. Das geht alles sehr schnell von statten, und morgen früh liegst du wieder im Bett. `

»Aber...«

»Kein ›aber‹, Dieter, hast du bei Doktor Kleinermacher jemals ›aber‹ gesagt? Schnell, mach dich fertig.«

»Du willst den Doktor Kleinermacher kennen?«, bezweifelte Dieter.

»Na klar, der ist unser allerbester Freund. Er wird auch da sein, komm also mit!«

Nun konnte Dieter nicht mehr widersprechen. »Also warte auf mich, ich werde mich rasch anziehen und meinen Koffer packen.«

»Ach Unsinn, in Afrika ist es so warm, da frierst du bestimmt auch so nicht, und da gibt es so viele Bananen, dass du nicht verhungerst, komm nur heraus.«

Dieter ließ sich jetzt nur zu gern überreden. Er kletterte im Schlafanzug vorsichtig auf das Fensterbrett, nachdem er sich davon überzeugt hatte, dass zwei Adler eine kleine, für ihn aber ausreichende Gondel zwischen sich hatten, die leicht und doch zuverlässig mit Riemen an ihren Körpern befestigt war. Er schwang sich hinein. Zwei weitere Adler kamen hinzu und spannten sich gleichfalls geschickt ein. Dann ging die Reise los, mitten durch die laue, wolkenlose Sommernacht.

Kaum hatte sich Dieter an seinen originellen Reiseplatz gewöhnt, da sah er nicht weit von seiner Gondel noch vier Adler mit einer Gondel fliegen. Darin saß ein Männlein, das winkte ihm immer zu. War das nicht der Doktor Kleinermacher? Tatsächlich, er war es. Dieter winkte zurück, aber eine Verständigung war unmöglich. Die Sausefahrt ging zu schnell, der Wind blies ihnen alle Worte vom Munde weg. Da erkannte Dieter, dass der Doktor mit seinem Arm immer nach hinten zeigte. Dieter blickte sich um, und was sah er dort? Noch vier Adler mit einer Gondel. Und in der Gondel saß ein kleines Mädchen. War das nicht Traute? Richtig! »Trautchen!, Trautchen«!, rief er ihr zu und Traute winkte zurück.

Wie schön, dass das Kleeblatt wieder beisammen ist. Kinder, jetzt geht es nach Afrika! Ohne Pass und ohne Koffer, im Schlafanzug und mit bloßen Füßen! Was werden wohl die schwarzen Afrikaner zu dem Besuch sagen, und wie soll man sich bloß seiner Majestät dem Löwen, dem König der Tiere, vorstellen?

Der Mond schien hell, und die Länder unten auf der Erde flogen vorüber, wie die Landschaften vom Intercity-Express. Gar nicht kalt war es dem Dieter, der Fahrwind kämmte die Haare zu einer Sturmtolle, und die Adlerflügel rauschten und schlugen auf die Luft, so dass Dieter am liebsten laut aufgejubelt hätte.

Jetzt sah Dieter – er hatte den Zeitbegriff völlig verloren – unter sich einen riesigen Stiefel, der in das Mittelmeer hineinragte. Das ist doch Italien, genau wie im Atlas. Dieter stimmte aus lauter Übermut ein Matrosenlied an. Ahoi! Ahoi! Aber er konnte es selbst kaum hören, so braustem die wilden Adler durch die Luft. Und dort unten liegt Sizilien! Ein Glück, dass Dieter in Erdkunde immer gut aufgepasst hatte, sonst hätte er das alles nicht erkannt.

Hurra, die Sonne guckt über den Rand der Welt, und

jetzt wird es hell. Guten Morgen, liebe Sonne, hast du schon ausgeschlafen? Das ist aber nett von dir, dass du mir meine liebe Erde so vergoldest. Jetzt kann man doch alles viel besser sehen. Wenn das da hinten nicht Afrika ist, dann ... Aber gewiss doch, das ist Afrika. Da, die Wüste Sahara! Kinder, so viel Sand, wie viele Strandburgen könnte man dort bauen!

Allmählich wird die Flughöhe geringer, so dass Einzelheiten zu erkennen sind. Kamele bewegen sich durch den weitläufigen Sand, aber auch Autos sind zu erkennen, die modernen ›Wüstenschiffe‹. Mit den Kamelen wird es der Sahara bald so ergehen, wie einst den Pferdedroschken in Berlin, die vom Auto abgelöst wurden. In der Wüste Sahara riecht es jetzt überall nach Benzin, und wo früher die Knochen verdursteter Kamele in der Sonne bleichten, rosten inzwischen leere Benzin-kanister vor sich hin. Jetzt wird eine Oase sichtbar, Dattelpalmen stehen rund um eine Wasserstelle, aber immer weiter, immer weiter geht der Flug. Seine Majestät der Löwe wartet auf uns, die Olympiade der Tiere soll eröffnet werden.

Ganz allmählich geht die Wüste in eine Steppe über. Da zeigen sich schon vereinzelt Wälder und Büsche, jetzt fliegen die Adler langsamer, fangen an zu kreisen, und unter sich sieht Dieter einen großen weiten Platz in der Steppe, eingerahmt von einigen Bäumen, und auf dem Platz Tiere, Tiere, nichts als Tiere. Zur Begrüßung fangen die Tiere ein Gebrüll an, sie schreien, brüllen, fauchen, trompeten, dass dem Dieter fast das Trommelfell platzen will. Wir sind da! Hurra, Hurra! Wir sind in Afrika!

Die Adler kamen langsam der Erde näher, und bald lag die Gondel mitten im Gras. Dieter rieb sich seine Glieder, die er kaum noch gebrauchen konnte, und dann sah er sich erstaunt um. Da! Krabbelten da nicht auch Traute und der Doktor Kleinermacher aus ihren Gondeln heraus? Traute stand im Nachthemd und barfuß, und der Doktor auch. Da musste Dieter aber lachen. Traute kam auf ihn zu und sagte:

»Schämst du dich denn nicht, Dieter, eine so große Reise zu machen und nur einen Schlafanzug anzuhaben? Ich würde mich schämen.«

Dieter sah auf seinen Schlafanzug und die bloßen Füße, er schämte sich sehr. Wie kann man nur so leichtsinnig sein und im Nachthemd nach Afrika reisen? Dann aber sagte er:

»Und du, Traute, was hast du denn an? Und wie sieht der Doktor Kleinermacher aus?«

Jetzt schämten sich alle drei, und ihnen war gar nicht wohl in ihrer Haut. Wenn hier plötzlich ein Mensch ankäme, diese Schande, das wäre ja gar nicht auszudenken. Ein Glück, dass die Schwarzen im Land auch nicht viel mehr als eine Art Nachthemd anhaben sollen. Ob der König der Tiere, der Löwe, uns so empfangen wird? Vielleicht wird er zornig und frisst uns auf.

Viele Tiere waren neugierig näher gekommen und betrachteten freudig die Gäste. Dabei brüllten und schrien sie wie verrückt. Dieter hätte sich am liebsten wie ein Maulwurf in der Erde verkrochen, dann aber überkam ihn die Neugier und er sah sich den afrikanischen Boden näher an.

Das große Feld wurde von Polizisten abgesperrt. Es waren Orang-Utans und Gibbons, die mit ihren langen

Armen ausgezeichnete Sperrketten bilden konnten. In Afrika hatte das Gesetz offenbar wirklich einen langen Arm. Man hatte sich die Polizei zur Olympiade aus Asien geholt. Und die Damen zum Kassieren aus Australien. Es waren Känguruhs, die das eingenommene Geld in ihren Bauchbeutel steckten. Überall, wo ein Känguruh saß, standen Schilder *Eintritt* und *Kasse*. Ordnung muss sein. Auch unter Tieren.

Zur Unterhaltung und bis zum Beginn der eigentlichen Wettkämpfe vollführten Vögel aller Art Flugkunststücke. Paradiesvögel führten Tänze in der Luft auf, was wunderschön aussah. Wenn aber eine rosarote Wolke von zahllosen Flamingos über den Platz flatterte, dann musste selbst Dieter »Aaaaaah!« ausrufen, wie bei einem Riesenfeuerwerk. Die tollsten Burschen im Kunstfliegen aber waren die Gaukler, eine Greifvogelart. Diese purzelten nur so in der Luft umher und führten atemberaubende Steil- und Sturzflüge vor. Doktor Kleinermacher, Dieter und Traute vergaßen dabei ihre Nachthemden und beobachteten mit Begeisterung die akrobatischen Kunstflüge. Was diese Gaukler doch alles können! Fantastisch!

Während sie staunend den Vorführungen folgten, kam ein Vogel auf die drei zu. Es war der stelzbeinige Sekretär. Eine Feder stand ihm am Kopfe so, als wenn er eine Schreibfeder hinter dem Ohr hätte, daher der Name *Sekretär*.

»Darf ich bitten, meine Gäste aus dem Menschenreich. Seine Majestät der König, der Löwe, unser allergnädigster Herr und Gebieter, lässt bitten.«

»Sehr freundlich«, sagte der Doktor, und die drei

folgten dem Sekretär. Die Affen-Polizisten machten dem Sekretär des Königs und seinem Gefolge ehrerbietig Platz.

So traten die drei vor den König.

Der Löwe saß auf einem erhöhten Sitz. Seine Augen blickten immer geradeaus, streng aber ungefährlich. Nur sein Schwanz bewegte sich manchmal, ansonsten wirkte der Löwe wie aus Stein gemeißelt, wie ein Standbild. Um ihn herum saßen die wohl mächtigsten Tiere der Erde. Der Elefant, der Tiger, das Nashorn, der Kaffernbüffel und der Alaskabär. Als Ratgeber und gleichzeitig als Hofnarr hockte der Schimpanse zu seinen Füßen. Es war ein wirklich königlicher Anblick.

Doktor Kleinermacher, Dieter und Traute verneigten sich vor dem Thron und der Doktor begann:

»Majestät, verzeiht mir, denn ich bin mit den Formen Eures Hofes nicht vertraut und möchte daher eine Anrede wählen, die Eurem königlichen Amt gerecht wird.«

Hier stockte der Doktor, denn er fühlte sich etwas unsicher. Da rief der Schimpanse: »Bravo, bravo!«, und alles freute sich, nur der König blickte ernst und würdevoll, aber nun doch etwas gütiger. Da bekam der Doktor wieder Mut und sprach weiter:

»Majestät, man sagt uns, Ihr hättet uns eingeladen. Diese Einladung durften und wollten wir nicht abschlagen, um Euch nicht zu kränken. Darum sind wir gekommen. Wir grüßen Euch, Majestät, und sagen Euch für die Einladung unseren herzlichsten Dank.«

Der König blickte noch immer ernst, als wären die Worte gar nicht an ihn gerichtet, dann aber sprach er mit tiefer, klarer Stimme:

»Ich heiße euch willkommen. ihr seid zur Olympiade der Tiere gekommen, fühlt euch daher als meine Gäste. Wir wollen euch zeigen, dass eure noch so anerkennenswerten Rekorde die Leistungen von uns Tieren noch nicht überboten haben. Seid willkommen, und wenn Ihr etwas wissen wollt, dann wendet Euch nur an meinen Schimpansen oder an meinen Sekretär. Euch soll es an nichts fehlen, weder an Schutz noch an Information.«

Die drei Menschenkinder dankten mit einer leichten Neigung des Kopfes, und der Schimpanse, der ihnen jetzt als persönlicher Diener zur Verfügung stand, führte sie an ihren vormaligen Platz zurück. Kaum hatten sie sich gesetzt, da flüsterte ihnen der Schimpanse zu:

»Achtung, die Spiele beginnen sofort. Zur Eröffnung wird unser König sein Gebrüll ertönen lassen. Ich sage euch das schon jetzt, damit ihr euch nicht erschreckt.«

Und dann brüllte der Löwe. Traute begann am ganzen Leib zu zittern, und auch Dieter wurde ziemlich blass. Stoßweise kamen die Töne aus dem weit aufgesperrten Rachen des Löwen. Es kam Dieter so vor, als würde der Löwe das schreckliche und doch so erhabene Gebrüll aus dem Innersten seines Leibes herauspressen, so stark bewegten sich seine Bauchmuskeln. Endlich beruhigte sich der König. Die Spiele waren nun eröffnet und die unzähligen Leistungssportler gingen auf ihre Plätze.

Tief beeindruckt fragte Dieter den Schimpansen, ob einzelne Tiere wohl auch Angst bekämen vor dem Gebrüll des Löwen. Aber der Affe erklärte, das sei jetzt ausgeschlossen, da zur Olympiade Gottesfrieden herrsche. Kein Tier dürfe ein anderes töten, die Fleischfresser müssten das Rauben und Morden während der Olympiade unbedingt einstellen. Auch der Tiger dürfe nicht reißen und beißen, er müsse sich also – wie der Schimpanse lächelnd andeutete – einen *besonderen Reißverschluss* anlegen. Aber Pflanzen könne jedes Tier fressen, soviel es wolle. Darüber freuten sich dann auch der Hase, das Pferd und das Kamel. Wer Hunger habe, müsse während der Olympiade am besten Vegetarier sein.

Der Schimpanse erzählte weiter, dass sich der König, um mit gutem Beispiel voranzugehen, schon umgestellt habe. Er sei auf Rettich mit Salat und Backobst verfallen. Dann habe er den Fuchs zum Fressen eingeladen. Der hätte aber abgelehnt mit der heuchlerischen Erklärung, dass er schon zur Nacht gespeist habe. Und zwar neue Kartoffeln mit Karotten. Es hätte sehr gut geschmeckt, geradezu köstlich habe das Zeug gemundet. Der Heuchler! Dabei wühlte der Hunger in seinen Gedärmen, und er konnte sich kaum noch aufrecht halten. Obendrein hoppelte vor seiner Schnauze ein Hase herum. Aber der Fuchs durfte nicht zubeißen, nein, das durfte er nicht!

Als der König seine ungewohnte Speise kostete, verzog sich für Sekunden sein Gesicht. Aber er beherrschte sich, schob den Teller zur Seite und sagte nur stolz: »Danke für das Backobst!« Ja, ja, der Tierkönig hält sein Wort, und wenn ihm auch das Wasser im Munde zusammenläuft. Die vom Tieradel können vornehm hungern, nur das niedere Tiervolk müsse sich immer unbeherrscht vollfressen. Man denke nur an die Spitzmäuse und Maulwürfe.

Mitten im Erzählen waren die Vorbereitungen für die Wettbewerbe beendet. Der 100-Meter-Lauf sollte starten. Am Zielband stand der Luchs, der machte besonders große Luchsaugen, sodass Fehlentscheidungen unmöglich waren.

Am Start stand der Rabe. Der krächzte dreimal *krah*, *krah*, *krah*! Das sollte heißen: Achtung, fertig, los! Und dann machten sich alle auf zu dem kurzen Rennen.

Kinder, was da alles in die Entscheidung kommen wollte! Die Vor- und Zwischenläufe räumten mächtig auf unter den Bewerbern. Pferd, Strauß, Kamel und Hase fielen bald aus, es wurde mächtig gesiebt. Endlich kam es zum Entscheidungslauf zwischen einer Grants-Gazelle und einem Gepard.

Dieter wunderte sich. Der Gepard ist doch eine Katze, die sonst zu den Schleichern und Springern zählt! Was will die Katze unter den Läufern? Sie war zwar hochbeinig wie ein Hund, hatte auch einen kleinen Kopf, aber gefleckt war sie wie ein Leopard. Jetzt krächzte der Rabe wieder dreimal: *krah*, *krah*, und – nach einer kleinen Pause – *krah*! Die Tiere rannten wie aus der Pistole geschossen los. Das war kein Rennen mehr, das war ein Fliegen. Wer liegt vorn? Der Gepard? Ja, der Gepard macht das Rennen! Klar lag er beim Luchs am Ziel vorn, dicht hinter ihm die Grants-Gazelle. Donnerwetter, war das ein Rennen! Selbst der König war aufgeregt und schlug mit seiner Tatze immerzu auf seine Schenkel. Alle Würde war wie weggepustet, die olympische Begeisterung breitete sich aus, und der Standesdünkel fiel wie fauler Plunder ab Der König war endlich Mensch, Verzeihung ... Tier. Wie sollte man auch seine Würde bewahren? Bei solch einem Rennen?

Der Gepard gewann den 100-Meter-Lauf und war der Sprinterkönig. Bei den mittleren und längeren Strecken aber war ihm die Grants-Gazelle überlegen.

Der Schimpanse hatte viel vom Gepard zu erzählen. Die Zeitnehmer stoppten 100 Meter in fünf Sekunden. War das nicht toll? Ja, da kommt ihr Menschen nicht mit. Wie steht bei euch der Weltrekord? 100 Meter in langen 9,7 Sekunden, wirklich lächerlich. Auch der König blickte stolz und mitleidig auf die drei Menschenkinder. Dieter und Traute wussten nicht, ob sie sich ihrer Nachthemden oder der 9,7 Sekunden wegen schämen sollten. Ihr Einwand, dass sich das Bild vielleicht ändern würde, wenn man von Menschen gezüchtete Tiere, wie den Windhund oder gar das englische Rennpferd zugelassen hätte, fand kaum Gehör, da alle anwesenden Tiere viel zu sehr vom Begeisterungstaumel erfasst waren.

Der Schimpanse sprach nur noch vom Gepard und

erzählte, dass sich in Indien die Menschen Geparde in der Wildnis einfangen, sie zähmen und zur Jagd abrichten, da sie jede Gazelle einholen.

Inzwischen war alles zum Langstreckenlauf vorbereitet. Wie lang ist bei euch Menschen die Marathonstrecke? Nur 42,195 km? Unter 100 km machen es wir Tiere nicht. Und wie viele Tiere zum Wettbewerb antraten! Der König hatte Meldefreiheit für alle Wildtiere verkündet. Da meldete sich alles, was rennen und krauchen konnte, Kamele, Giraffen, Elefanten, Antilopen, Pferde und Hunde. Selbst Wildschweine und Wanderratten traten zum Start an. Wenn das man gut geht? Aber der König hatte Meldefreiheit verkündet, und ein Königswort gilt unter Tieren.

Wieder dreimal krächzte der Rabe, dann machte sich das Feld auf die weite Reise. Bald war alles in Staub gehüllt, man sah kein Tier mehr, sondern nur noch eine riesige Wolke. Nur noch einmal kam ein Giraffenkopf zum Vorschein, bevor die Staubwolke am Horizont endgültig verschwand.

Nun begannen die Springerkämpfe. Die Weitspringer traten zuerst an. Dieter dachte, der Tiger oder der Löwe würden am weitesten springen. Sagt man doch, dass der Löwe mit einem Ochsen im Maul einen Zaun überspringen könne. Der Schimpanse aber lächelte nur und sagte:

»Das steht in euren dummen Menschenbüchern. Wenn der Löwe so gut springen könnte, dann müssten ja eure Gräben in den zoologischen Gärten viel breiter sein. Der König hat bei den Weitsprüngen gar nicht mitzureden, und auch bei den Hochsprüngen nicht. Seine Majestät weiß das und hält sich vornehm vom Kampf zurück. Menschen müssen schweigen, wenn sie Philosophen bleiben wollen, Löwen aber müssen stillsitzen, wenn ihre königliche Ehre nicht gefährdet werden soll.«

Der Affe hatte recht. Selbst Tiger, Leoparden und auch das Pferd kämen im Weitsprung nicht mehr mit. Das rote Riesenkänguruh schlug alle Konkurrenten. Die Strecke wurde abgemessen. Donnerwetter! Zehn Meter war das Riesenkänguruh gesprungen. Wie steht der Rekord bei den Menschen? Einige Zentimeter über acht Meter. Lächerlich, der Tierrekord lautet zehn Meter. Wieder konnte es der König trotz aller Würde nicht unterlassen, seine Schadenfreude zu zeigen. Dabei springt der Löwe noch nicht mal acht Meter!

Jetzt stand der Hochsprungwettbewerb auf dem Programm, zu denen sich auch der Floh gemeldet hatte. Damit bewies dieses Ungeziefer seinen Größenwahn. Seine Majestät musste herzhaft lachen und ermahnte den Floh, sich an den Gottesfrieden zu halten. Affen seien gute Kammerjäger. Wenn der Floh etwa Durst bekommen sollte, dann müsse er Pflanzensäfte saugen.

Alles lachte noch über den Witz des Königs; denn wenn Könige Witze machen, ist es Pflicht jedes Untertanen, zu lachen. Da fiel die Entscheidung in der Hochsprungkonkurrenz. Wer war der Sieger? Der Springbock, also eine Antilope. 2,50 Meter hatte das Tier geschafft. Erstaunlich! Die Menschen bringen es auf höchstens 2,38 Meter, das sind Unterschiede! Ja, Tiere können alles besser. Der Schimpanse erklärte wieder:

»Schaut mal, was unser Sieger für ein Gepäck beim

Springen mit sich herum trägt. Ein stattliches Gehörn hat der Springbock, und dennoch schaffte er seine 2,50 Meter. Wie hoch würde er erst ohne Hörner springen? Früher lebten die Springböcke noch in zahllosen Herden in Afrika. Die Tiere fraßen alles Gras ab, und die Farmer jammerten. Heuschrecken waren Waisenkinder gegen die Springböcke. Raubtiere aller Art zogen den Springböcken nach und fraßen und fraßen. Aber die Springböcke wurden nicht weniger. Wen sie überrannten, den zertrampelten sie. Zwar sind sie lange nicht so mächtig wie Elefanten, aber die Masse wirkt. So ist es schon vorgekommen, dass sogar Löwen von den riesigen Herden eingeschlossen wurden. Die Löwen mussten – ob sie wollten oder nicht – mit den Springböcken wandern. Zum Fressen hatten sie zwar genug, aber sie waren gefangen. Majestät soll damals sehr böse gewesen sein. Was die Raubtiere nicht schafften, haben schließlich – leider – die Gewehre von euch Menschen fertiggebracht. Damit wurde so lange herumgeballert, bis die Zahl der Springböcke endlich weniger wurde. Die endlosen Herden der Springböcke sind heute ausgelöscht. Aber springen können die Tiere immer noch sehr gut.«

Der Schimpanse hätte noch lange weitererzählt, wenn ein neuer Wettbewerb ihn nicht gefesselt hätte. Denn die Kunstturner begannen, ihr Können zu zeigen. Die Bären mussten trotz aller tänzerischen Gewandtheit bald abtreten. Das war zu plump; die übrigen Tiere pfiffen so lange, bis die Bären brummend abzogen. Aber was Eichhörnchen, Marder und Katzen leisteten, war recht beachtlich. Sieh einer nur den Marder an, der läuft an steilen Wänden rauf und runter, selbst an Decken entlang, mit dem Kopf nach unten, als ob sich Klebstoff an seinen Füßen befände. Der Marder ist ein Mordskerl! Und erst das Eichhörnchen! Als ob der Baum eine Wendeltreppe hätte, so kreiselt das Eichhörnchen hinauf. Das soll ihm mal einer nachmachen! Aber den höchsten Preis im Kunstturnen erzielten zwei Affen. Der Gibbon und der Klammeraffe mussten sich den ersten Preis teilen. Was der Gibbon vorführt, ist einzigartig. Von Ast zu Ast schwingt er sich mit erstaunlieher Sicherheit, kopfüber, kopfunter, und trotz aller Schnelligkeit mit besonnener Eleganz. Da kam nur noch der Klammeraffe mit. Hatte der Gibbon vier Hände – die beiden Beine benutzt er ebenfalls als Arme – so hatte der Klammeraffe gleich fünf. Mit seinem langen Klammerschwanz griff er so sicher zu wie mit jeder Hand. Wenn der Affe nur an seinem Schwanz baumelte, den Kopf nach unten, dann konnte er sogar allein mit dem Schwanz einen Klimmzug machen! So ein Tier wäre wirklich reif für den Zirkus oder das Fernsehen!

Bei der Preisverteilung hätte es beinahe einen Skandal gegeben. Der König fragte die beiden Affen:

»Ist es wahr, dass die Menschen von euch abstammen?«

Die Affen antworteten entrüstet:

»Das ist eine Verleumdung. Nie im Leben wären die Menschen so schwerfällig und blass geraten, wenn sie unsere Kindeskinder wären. So etwas Verzärteltes und Steifes sollen unsere Kinder sein? Lächerlich.«

Der König war zufrieden und verteilte die Preise, der

Doktor jedoch saß unruhig auf seinem Sitz und wäre am liebsten aufgesprungen und hätte laut protestiert. Aber Dieter hielt ihn zurück:

»Sei doch ruhig, Doktor, der König frisst uns sonst auf.«

Als jetzt die *Flieger* zu den letzten Endkämpfen antraten, da schwieg der Doktor und sah gespannt auf die Vögel. Nach den ersten Wettkämpfen waren fast alle großen Tiere ausgeschieden. Mit den Kleinvögeln konnten es die Adler, Geier und Störche weder beim Kurzstrecken- noch beim Langstreckenflug aufnehmnen. Über die kurze Strecke gingen Schwalbe, Stachelschwanzsegler und Baumfalke in den Kampf. Selbst der Wanderfalke war in einem Wettbewerb von dem kleinen Bruder, dem Baumfalken, besiegt worden.

Jetzt krächzte erneut der Rabe, und die drei Kämpfer sausten so schnell durch die Lüfte, dass ihnen kein Auge folgen konnte. Hätte der Luchs nicht von einem Baum aus genau die Ziellinie beobachtet, kein Tier wüsste, wer eigentlich der schnellste Vogel sei. Zuerst kam nach Überwindung der kurzen Strecke der Stachelschwanzegler, ein Verwandter des Mauerseglers an, um Schnabelbreite dahinter der Baumfalke, und dann erst die Schwalbe.

Der Schimpanse wollte weitere Erklärungen abgeben, aber jetzt schnitt ihm der Doktor das Wort ab:

»Was weißt du Affe denn von unseren Tieren in Europa? Jeder Tiername hat bei uns seinen besonderen Klang. Wenn wir das Wort Schwalbe aussprechen, dann denken wir dabei an Heimat und Abendfrieden, Dorf und Landschaft. In Spanien sagen die Bauern, wer eine Schwalbe tötet, der bringe seine Mutter um. Siehst du, so sehr lieben wir Menschen unsere Schwalben. Eine Schwalbe im Stall zu haben, bedeutet für den Bauern soviel Glück, wie ein Storch auf dem Dach der Scheune. Selbst die Nomaden in Asien freuen sich über die Schwalben und dulden diese Vögel an ihren Zelten.«

Der Doktor wurde eifriger im Erzählen und holte weiter aus.

»Schon die alten Römer liebten die Schwalben, zähmten sie und benutzten sie als Brieftauben. Nach einem Wagenrennen ließen sie ihre Schwalben los, um denen daheim den Sieg zu verkünden.«

Traute redete dazwischen:

»Ach, lass doch das, Doktor, der Affe will ja davon gar nichts hören.«

Aber der Doktor war in den Redefluss geraten, womit er so schnell nicht aufhörte.

»Ihr habt gesehen, dass der Baumfalke schneller fliegt als eine Schwalbe. Wenn der Baumfalke hungrig ist, dann holt er sich seinen Schwalbenbraten. Dann heißt es: Rette sich wer kann, ihr Vögel, sonst gibt es bei Baumfalkens Schwalbenfleisch zu Mittag. Schnell in das Nest von Leim und Speichel oder in einen Stall hinein. Mein lieber Affe, das hat der Stachelschwanzsegler nicht nötig. Der Unterschied ihrer Geschwindigkeit ist – wie du gesehen hast – nur gering. Es ist schon ein Zufall, wenn ein Baumfalke mal einen Segler schnappt. Bei uns fliegen die fast ebenso schnellen Mauersegler in den Großstädten umher, sie sehen den Schwalben so ähnlich, dass die meisten Leute dort sie als *Schwalben* bezeichnen. Aber in den Städten halten sich die Schwalben gar nicht auf. Umso häufiger die Mauersegler. Die kühnen Flieger leben fast nur in der

Luft. Dort fangen sie Insekten und feiern sogar ihre Hochzeit. Der Himmel ist ihre Heimat. Manche Menschen sagen, dieser Vogel könne sich vom Erdboden gar nicht erheben, was aber eine Übertreibung ist. Wie ihr gesehen habt, kann der Mauersegler das sogar sehr gut. Sein Nest baut er sich hoch oben an den Gebäuden. Sein Speichel und Schwebstoffe, die er in der Luft fängt, sind sein Baumaterial. Manchmal vertreibt dieser Räuber sogar Sperlinge und Stare aus ihren Nestern. Ohne auch nur einen Augenblick zu bremsen, trifft der kühne Kunstflieger im sausenden Flug das enge Loch im Nest. Ich sage euch, der Mauersegler ist ein kühner Flieger. Noch vor dem Wettkampf galt er für mich als d e r Favorit.«

Der Doktor hätte noch lange erzählt, denn der Affe war ein dankbarer Zuhörer und sperrte Maul und Nase auf, aber jetzt wurden alle von den weiteren Tierkämpfen abgelenkt. Gerade startete man zu dem über eine Strecke von 3.000 Kilometern führenden Langstrecken-Marathon-Rundflug, an dem sich aber nur Regenpfeifer, Bekassine – als Sumpfschnepfen bekannt – und ein Wüstenflughahn beteiligten. Der Doktor war gespannt, wer den Sieg davontragen würde und befriedigt, als er später erfuhr, dass der Regenpfeifer, dieser tolle Bursche – dessen trillernder Pfiff regnerisches Wetter ankündigen soll – vor allen Bekassinen und dem Wüstenflughahn zurückkehrte. Inzwischen ging es im Stadion hoch her. Die Ringer traten an. Das waren vielleicht Athletengestalten!

Ursprünglich sollte es kein Ringkampf werden, sondern ein Kampf mit allen Mitteln um den ersten Preis. Aber der König sah ein, dass das zu gefährlich für seine Stellung war. Zu viele Tiere waren ihm im Kampfe überlegen. Was sollte der Löwe gegen einen Elefanten ausrichten, der hätte ihn zertrampelt, und auch gegen einen ausgewachsenen Kaffernbüffel könnte er nichts ausrichten, von Krokodilen und Riesenschlangen ganz zu schweigen. Den *Kampf mit allen Mitteln* würde vielleicht das Nashorn gewinnen. Aus Indien hatte man ihm berichtet, dass Elefanten vor Nashörnern wegliefen, und ein indisches Nashorn es mit drei Tigern aufgenommen hätte. Und der König der Tiere wurde nicht mal mit einem Tiger fertig. Nein, der *Kampf mit allen Mitteln* erschien ihm als zu gefährlich.

Daher wurde ein Ringkampf zur Entscheidung ausgerichtet. Zuerst hatten alle Affen miteinander zu kämpfen, und dann alle Bären. Bei den Affen siegte, wie nicht anders zu erwarten, der Gorilla. Zweiter wurde der Orang-Utan. Bei den Bären siegte der Alaskabär. Grislybär und Eisbär konnten sich den zweiten Preis teilen.

Nun standen sich Alaskabär und Gorilla gegenüber. Beide besaßen – wie deutlich zu erkennen war – prächtige Muskelpakete. Der Alaskabär war zwar größer und kraftstrotzender als der Gorilla, dessen massige Brust und zornig blickenden Augen aber einem angst und bange machen konnten.

Wütend umkreisten sich die beiden Riesen. Der Gorilla trommelte mit seinen Fäusten aufgeregt auf seinem Brustkasten herum, beängstigend sah das aus. Der Bär brummte nur leise. Dann gingen die beiden Fleischberge aufeinander los. Jetzt kam die Umarmung. Krachen denn die Knochen der beiden Titanen nicht? Da, der Gorilla wankt in den Knien, der Bär ist doch kräftiger. Spaß, er ist ja auch etwas größer und gewaltiger. Es gab keine

Hoffnung für den Affen. Bald lag er unter dem Fleischberg des Bären. Eine Affenschande! Es ist nichts mit dem braunen Bomber, dem Gorilla.

Nach dem Ringkampf begab sich der Hof mit seinen Gästen zu dem nahen See, hier sollte die 100-Meter-Schwimmentscheidung fallen, da kein größeres Gewässer in der Nähe war. Dieter glaubte, der beste Schwimmer müsste doch ein Fisch sein. Aber es kam alles ganz anders. Die meisten Fische fielen schon in der Vorentscheidung aus. Man lernt wahrhaftig nie aus. Was da noch übrigblieb, waren Pinguine – die *Fische unter den Vögeln* – Robben, Schwertwal, Thunfisch, Seehunde und Delphine. Die Delphine sind nämlich wie die Walfische gar keine Fische, sondern Säugetiere. Jetzt kam das Endschwimmen. Der Rabe krächzte, und die Tiere starteten. Das Wasser schäumte und kräuselte sich, man konnte nichts sehen, die Tiere schwammen alle unter Wasser. Wer wird am Ziel zuerst seinen Kopf aus dem Wasser heben? Na ... noch nicht? ... das ist eine Geduldsprobe ... noch kein Kopf ... jetzt endlich! Wer ist es, der Delphin? Nein, der Schwertwal tauchte als Sieger auf. Ihm folgte der Thunfisch. Delphin und Pinguin mussten sich mit dem dritten Preis begnügen.

Die Langstreckenläufer waren noch immer nicht von ihrer weiten Tour zurückgekehrt. Inzwischen wurde eine Art Volksbelustigung veranstaltet. Am Wasser zeigte der Schützenfisch seine Kunststücke. Kam eine Fliege, dann spuckte er nach ihr. Zielsicher traf er sie, sodass sie ins Wasser fiel und der Schützenfisch zuschnappend seinen Preis – beinahe – auffressen konnte. Der Löwe drohte mit der Tatze: »Es herrscht Gottesfriede, mein lieber Schützenfisch«, dabei beugte er sich etwas über das Wasser. Der Fisch spuckte ihm als Antwort haarscharf die Fliege ins Auge. Die Umgebung lachte, und der König musste über den Bubenstreich mitlachen. Aber der Schützenfisch wunderte sich im Stillen doch darüber, dass das Königsauge nicht wie ein Insekt ins Wasser kullerte.

Dann meldete sich eine Schildkröte beim König an. »Majestät, ich möchte mich bei Ihnen zum Kampfe um die Weltmeisterschaft im *Altern* melden. Wir können 200 Jahre alt werden, wer wettet mehr?« Der König sagte nur: »Abtreten!« Er ärgerte sich, dass er nicht einmal 100 Jahre erreichen würde.

Jetzt wollte das Faultier den Weltrekord im *Baumsitzen* brechen.

»Abtreten!«

Dann meldeten sich Insekten, die aus ihren Gelenken

Blut spritzen konnten. Sie spritzten nicht nur, sie trafen auch. Dagegen protestierte das Stinktier, es könne weit wirksamer schießen. Wer so eine Stinkladung abbekäme, dem könne man sich für lange Zeit nur noch mit zugehaltener Nase nähern. Aus dem Wasser traf die Meldung ein, dass die Qualle, die so weich wie Wackelpudding ist, auch schießen kann. Mit ihren 1.000 Nesselbatterien schießt sie auf jeden Feind, dem das empfindlich auf der Haut juckt. Auch der Ameisenlöwe wollte seine Kunst zeigen. Er gräbt sich flink in den Sand ein, so dass ein kleiner Trichter entsteht. Kommt eine Ameise dem Trichter zu nahe, dann wirft der Ameisenlöwe mit Sand, bis die Ameise in den Trichter fällt. Dort unten frisst sie der Ameisenlöwe auf. Aber der Löwe war ungnädig darüber, dass sich so ein kleines Geschöpf auch Löwe titulieren lässt. Dann meldete sich ein Kolibri. Wer das nachmachen könnte? Mitten in der Luft anhalten und aus einer Blüte dabei den süßen Saft trinken? Aber der Löwe wollte etwas Handfesteres sehen, ohne Lupe und Vergrößerungsglas. Der Schimpanse sollte als Clown auftreten. Er sollte Menschen nachäffen, das gäbe einen Hauptspaß.

Sofort war der Schimpanse bereit. Erst torkelte er wie ein Betrunkener, dann watschelte er langsam über den Sand, als ob er einen dicken Bauch habe, schließlich trippelte er wie ein nervöser, zanksüchtiger Mensch durch das Stadion, laut schimpfend. Es war köstlich. Die Tiere mussten alle lachen und auch die Menschenkinder.

Plötzlich wurde die Komödie abgebrochen. Am Horizont zeigte sich eine Staubwolke. Die Langstreckenläufer trafen ein. Nun, wer wird der Sieger sein? Wer hat das Rennen gemacht? Alles sah gespannt der Staubwolke entgegen. Jetzt konnte man deutlich die Läufer erkennen. Es sind die Hunde. Nein, es sind keine Hunde, es sind Hyänen. Oder sind es doch Hunde?

Der Doktor wurde nervös, und nervös wurde der Schimpanse, alle Tiere wurden nervös. Die Sieger, die dort ankamen, waren nämlich weder Hunde noch Hyänen, sondern *Hyänenhunde.* Die jagen immer in Rudeln, hetzen ein Tier bis zu Tode, um es danach aufzufressen. Kein Tier ist vor den Hyänenhunden sicher. Sogar der Löwe nicht. Setzt sich der Löwe zum Fraße nieder und kommen Hyänen an, um ihn zu stören, dann grollt der Löwe nur, damit sich die Hyänen verziehen. Erscheinen aber Hyänenhunde, diese gefährlichen Biester, dann begibt sich der König auf die Flucht. Denn was hilft es ihm, wenn er zwar drei von denen totbeißt und fünf mit den Tatzen erschlägt, aber hunderte kommen und ihn auffressen. Rette sich wer kann, die Hyänenhunde kommen! Wilde Panik löste die Olympiade auf. Alle Tiere hoben ihre Beine und rannten davon, so als wollten sie die Erde unter sich wie eine Kugel fortrollen. Hilfe! Hilfe! Die Hyänenhunde! Doktor Kleinermacher packte den Dieter, Dieter ergriff die Traute, und unter größter Kraftanstrengung rannten sie mit. Hilfe! Hilfe!

»Was ist denn bloß mit Dieter los? Er schreit ja so und strampelt mit den Beinen die Bettdecke weg.« Die Mutter hatte Licht gemacht und sah ihren Sohn mit schweiß-nasser Stirn im Bett liegen.

»Was hast du denn, mein Junge?«

»Mama, lauf schnell, lauf, die Hyänenhunde sind hinter

uns her.«

»Aber Dieter, du hast gewiss einen bösen Traum gehabt. Und wie sieht denn dein Bett aus? Das Kopfkissen liegt ja auf der Erde und die Bettdecke auch.«

»Mama, lass doch das Deckbett liegen, eile dich, siehst du denn nicht die Hyänenhunde?«

»Aber Kind, du träumst ja immer noch.«

Dann machte sie wieder das Bett zurecht, und Dieter erkannte nach und nach aufatmend, dass er alles nur geträumt hatte. Die Tier-Olympiade war nur ein Traum gewesen, schade! Trotzdem, in Wirklichkeit hätte er sich doch wohl nicht so leichtsinnig entschlossen, nachts das Fenster zu öffnen und hinauszusteigen. Nein, niemals. Doktor Kleinermacher hätte da auch nicht mitgemacht. Mit dem wollte er lieber in allernächster Nähe, am liebsten nur im Hause, auf Abenteuer ausgehen.

Erleichtert darüber, dass ihn die Hyänenhunde nicht erwischt hatten, schlief Dieter wieder ein.

2

Abenteuer im Hauskeller

Am nächsten Morgen berichtete Dieter seiner Schwester Traute von seinem Traum:

»Ich kann dir sagen, das war wirklich fantastisch! Rekorde und Tierkörper purzelten nur so durch die Luft. So etwas Aufregendes habe ich noch nicht erlebt. Schade, dass es so etwas wie eine Tier-Olympiade nicht gibt. Man sollte etwas Ähnliches vielleicht doch einmal veranstalten, das wäre eine tolle Sache, sage ich dir! Und der Gepard kann laufen, 100 Meter in nur 5 Sekunden! Mädchen, da kann sich der Jamaikaner Usain Bolt, der die 100 Meter in 9,81 Sekunden schaffte, eine Scheibe von abschneiden. Wir müssen unbedingt mal nach Afrika oder Indien. Doktor Kleinermacher muss uns dazu verhelfen!«

So begaben sich die Kinder zu ihrem alten Freund Doktor Kleinermacher, der beide wie immer freundlich empfing. Sein eigentlicher Name war Dr. Max Klein, aber sie hatten ihm den Titel *Kleinermacher* verliehen, denn er hatte eine Flüssigkeit hergestellt – die er als Wunderwasser bezeichnete. Je nachdem wie viel man hiervon trank, schrumpfte man bis auf Größe einer Ameise oder noch mehr. Dem Doktor gefiel es, wenn die Kinder ihn mit *Doktor* oder gar mit *Doktorchen* anredeten, denn er hatte viel Humor. Er wohnte noch immer in seinem uralten Haus. Die Stufen knarrten wie gewohnt und es war wie immer halbdunkel in den Räumen. Und wie eh und je standen überall technische Gerätschaften, Bücher und Flaschen herum.

Wenn Dieter sich viel vorgenommen hatte und von großen Erlebnissen beeindruckt war, dann stellte er sich immer kerzengerade auf und hielt eine kleine Ansprache. Er glaubte, in großen Momenten müsse man die Menschen mit langen Reden überfallen, dann könne niemand widerstehen.

»Mein lieber Doktor Kleinermacher«, begann er, »ich hatte heute einen seltsamen Traum. Adler brachten mich im Fluge nach Afrika. Du warst dabei und Traute fehlte auch nicht. Der König der Tiere, der Löwe, hatte uns eingeladen, an einer Veranstaltung teilzunehmen. Er hatte eine Tier-Olympiade einberufen. Die schnellsten Läufer und die stärksten Kämpfer sollten ermittelt werden. Es war einfach toll. Du musst es ja eigentlich wissen, denn du warst ja dabei. Und dann erzählte Dieter den ganzen Traum. Zum Schluss sagte er: »Lieber Doktor, du hast uns früher schon unsere heimatliche Natur gezeigt. Es war stets riesig interessant. Aber jetzt möchten wir Afrika sehen, da ist viel mehr los. Doktor, bringe uns nach Afrika!«

Der Doktor lächelte immer noch, nicht etwa spöttisch. Nein, nein, dazu war er viel zu gutmütig. Aber eine freundliche Überlegenheit verbarg sich doch hinter seinem Lächeln:

»Mein lieber Junge, du meinst, ich hätte euch unsere heimatliche Natur gezeigt? Das ist gar nicht wahr. Nur eine ganz kleine Probe von unserer Natur habt ihr zu sehen bekommen, aber das meiste ist euch noch verborgen geblieben. Wir haben nur willkürliche, zufällige Streifzüge kreuz und quer durch die Natur gemacht. Es gibt ja noch so viel zu sehen. Ich glaube, ich werde nie fertig mit unserer Heimat. Glaubt ihr etwa, ihr kennt alle Tiere hier in meinem Haus? Ich sage euch, es ist ein richtiger zoologischer Garten mit unzähligen Lebewesen, darunter winzig kleine; ihr habt ja keine Ahnung. Hier gibt es Käfer, Säugetiere, Spinnen, Krebse ... vom Keller bis zum Dach ist mein Haus die reinste Arche Noah.«

Dieter war enttäuscht: »Aber lieber Doktor, meinst du etwa die ausgestopften Tiere in deinen Schränken? Die kennen wir doch alle schon. Wir möchten l e b e n d i g e Tiere sehen, die kämpfen, rennen oder fliegen. Führe uns bitte, bitte, nach Afrika. Wenn du uns nicht nach Afrika bringst, dann siehst du uns nicht mehr wieder!«

Traute fühlte zwar, dass sie ihrem älteren Bruder beistehen müsse, aber seine Drohung gefiel ihr nicht. Sie hatten dem Doktor schon so viel zu verdanken, dass es hässlich war, ihn so unter Druck zu setzen. Darum schmeichelte sie:

»Lieber Doktor Kleinermacher, wenn der Dieter so etwas von sich gibt, dann darfst du ihm das nicht verübeln. Ich weiß, dass er stets nur gut von dir spricht und dir für alles dankbar ist. Aber er ist so begeistert von Afrika, dass er sich nicht mehr beherrschen kann. Wenn du ihn nicht nach Afrika führst, dann – das befürchte ich – zieht er alleine los, und ich werde ihn dann wohl nie mehr wiedersehen. Die ausgestopften Tiere in den Schränken sind ja sehr schön, aber sie sind halt tot. Dieter will aber nur lebende Tiere sehen. Also sei so gut, lieber Doktor, und führe Dieter nach Afrika, er gibt sonst keine Ruhe. Und ich möchte natürlich mitkommen.«

Der Doktor konnte sich das Lachen kaum verkneifen und sagte:

»Ihr seid zwei putzige Geschwister, man muss euch wirklich gern haben. Aber wo denkt ihr nur hin? Ausgestopfte Tiere will ich euch natürlich nicht zeigen, sondern nur höchst lebendige. Und die werden euch sehr interessieren. Mein ganzes Haus ist – wie ich schon sagte – ein einziger zoologischer Garten. So, nun kommt mit mir in den Keller runter, dort können wir gleich neue Abenteuer erleben.«

Dieter und Traute glaubten zwar noch nicht daran, aber konnte man den Vorschlag des Doktors ablehnen? Nein, denn der war immer der Klügere.

Im Schein seiner Taschenlampe geleitete er die beiden Kinder in den Keller. Dort legte er drei winzige Gewehre – so groß wie Streichhölzer – und die dazugehörige Munition auf dem Kellerboden ab. Die Kinder kannten die Gewehre – die der Doktor selber hergestellt hatte – noch von früheren Abenteuern. Die schossen genauso gut wie normale Gewehre. Er besaß davon viele Arten und Größen. Nun holte er aus einem Regal noch drei kleine Laternen, der ebenfalls auf den Boden stellte. Eine selbstleuchtende Masse verlieh ihnen eine enorme Leuchtkraft, die jedoch bei Bedarf verringert werden konnte.

Ringsum verlief in halber Höhe eine kleine Galerie aus Holz, die ebenfalls der Doktor errichtet hatte. Die sah wie eine Laufstrecke für Mäuse aus. Zum Kellerfenster hinauf führte eine lange Strickleiter. Wozu wurde die wohl benötigt?

Schließlich stellte der Doktor noch die – den Kindern bereits bestens vertraute – Flasche mit dem Wunderwasser auf den Kellerboden. Daneben setzte er drei Plastik-

Messbecher, die den Kindern ebenfalls von früheren Exkursionen bekannt waren. An deren Rand befanden sich Strichmarken mit den Ziffern von 1 bis 9. Die Kinder erinnerten sich wieder daran, dass man umso kleiner wurde, je mehr man von dem Wunderwasser schluckte.

Der halbdunkle Keller – draußen war es noch etwas hell – die Gemäuer ohne Putz, die vielen Ecken und Winkel: Es war romantisch. Die Abenteuerlust packte nun die Kinder, wobei Dieter ganz vergaß, dass sein eigentliches Ziel Afrika gewesen war. Nun ließ der Doktor aus der Flasche so viel Wunderwasser in die Messbecher fließen, bis die Ziffer 2 erreicht war. Jetzt wussten die Kinder, dass sie nur auf Daumengröße einschrumpfen würden, und tranken den Becher aus. Daraufhin durchrieselte ihre Körper das ihnen bekannte, sonderbare Gefühl. Es prickelte und zuckte in ihren Gliedern, dann schrumpften sie so lange zusammen, bis sie nur noch etwa fünf Zentimeter groß waren. Dabei erschien es ihnen, als ob der Keller unaufhörlich höher würde und sich schließlich zu einer riesigen Halle ausdehnte, viel größer und gewaltiger als das Innere des Kölner Doms.

Als die drei zu Däumlingen geworden waren, ergriffen sie die bereitliegenden Gewehre, die Munition und die drei Laternen. Der Doktor ging auf die Strickleiter zu und kletterte vorsichtig an ihr hinauf. Traute stieg hinterher und danach kletterte auch Dieter nach oben. Als Traute auf halber Höhe in die Kellertiefe hinunter schaute, wurde ihr etwas schwindlig. Sie schrie auf und wollte schon die Strickleiter loslassen, aber Dieter hielt sie fest und sagte: »Traute, nicht nach unten gucken, immer nur nach oben, und vor allen Dingen immer gut festhalten.« Traute zitterte zwar noch etwas, dann hielt sie sich aber tapfer fest und kam, immer dicht hinter dem Doktor kletternd, glücklich oben vor dem Kellerfenster an. Der Doktor zog das Mädchen empor und Dieter schob sie von hinten. Nun standen sie alle drei auf dem Fenstersims.

Von draußen fiel noch so viel Licht in den Raum, dass sie alles gut erkennen konnten. Das Dunkel des Kellers vermischte sich mit der Helligkeit auf dem Platz vor dem Kellerfenster. Der Doktor hielt kurz Umschau, dann entdeckte er schon das erste Tier in der Wildnis seines *Zoologischen Gartens zwischen Keller und Dach.*

In einer Ecke hatte eine Kellerspinne ihr Netz gesponnen. Es war ein eigenartiges Netz. Aus Spinnweben hatte die Kellerspinne eine seidenartige Röhre hergestellt, und das Innere der Röhre noch mit weiterem Gewebe ausgekleidet. Da lebte die Kellerspinne in ihrer Räuberhöhle. Zu beiden Seiten war die Röhre – wie es aussah – offen. Beim genaueren Hinsehen entdeck-te man jedoch feine, klebrige Fangfäden, die vor den Öffnungen ausgepannt waren. Hier sollten offenbar Insekten kleben bleiben und sich fangen.

Die drei traten näher an die Spinnenröhre heran und sahen sich das Räuberkunstwerk genauer an. Wirklich, es war ein Meisterwerk und sauber gearbeitet. Zwar hatte der Kellerstaub das Netz etwas getrübt, aber dafür konnte die Spinne nichts.

»Zähl mal die Beine«, flüsterte Doktor Kleinermacher Traute zu. Aber Traute konnte sich noch nicht recht an den Anblick gewöhnen. Aus ihrer Zwergenperspektive sah die Spinne nämlich so groß und eklig aus, dass sie alle

Kraft zusammennehmen musste, um sich nicht abzuwenden. Dann aber zählte sie tapfer die Beine und sagte: »Acht Beine hat das Insekt.«

Der Doktor verbesserte mit leichtem Vorwurf:

»Aber Traute, Traute! Insekten haben doch sechs Beine. Käfer, Mücken, Fliegen, Schmetterlinge, Libellen ... und alle anderen Insekten haben immer sechs Beine. Wenn du bei der Spinne acht Beine zählst, dann sind Spinnen also keine Insekten.«

Dieter hatte etwas anderes entdeckt. Auf der Stirn der Spinne sah er sechs fast gleich große Augen, die beinahe in einer Reihe standen. Er war sonst gewöhnt, bei Tieren dieser Art große Facettenaugen zu finden, so groß, dass sie fast den ganzen Kopf einnahmen, wie bei den Fliegen und Libellen. Die Spinne hier aber hatte nur sechs kleine Punktaugen. Der Doktor erläuterte nun, dass die Spinnen wahrscheinlich nicht gut sehen, obgleich sie sechs Augen hätten. Dafür sei aber der Tastsinn sehr gut entwickelt. Die Spinne merke genau, ob eine Fliege in ihrem Netz stecke oder ein Mensch mit einem Stäbchen das Netz berühre, ob der Wind den Faden in Bewegung bringe, oder ein dicker Brummer. Die Spinne habe ein ausgesprochen feines Tastgefühl.

Als der Doktor so noch mitten im Erzählen war, näherte sich eine Wespe. Sie kam von draußen, die Honiggläser im Vorratskeller zogen sie wahrscheinlich an. Da sich die Wespe in der Dunkelheit des Kellers nicht recht orientieren konnte, ließ das Unglück nicht lange auf sich warten. Mit Schwung sauste die Wespe gegen die Fangfäden des Spinnennetzes und zappelte darin nun ganz jämmerlich. Aber je länger sie zappelte, umso mehr verklebte sie sich in den Fangfäden.

Sofort wurde die Spinne in der Röhre munter. Wie aus einer Pistole geschossen rannte sie auf die Wespe zu. Obwohl die Wespe einen gefährlichen Stachel besaß und auch erheblich größer war als die Spinne, zog die Räuberin das Opfer mutig in ihre Röhre hinein und tötete es. Da standen der Doktor und Dieter staunend um den Kampfplatz. Sie wollten sich keinen Augenblick des Kampfes auf Leben und Tod entgehen lassen und ließen daher Traute ganz außer acht. Die hatte zwar schon manche Gefahren überstanden und sich immer ganz tapfer gezeigt. Aber das letzte Abenteuer lag doch schon lange zurück, sodass sich Traute erst wieder langsam an die Gefahren gewöhnen musste. Ihre Nerven wurden durch den Anblick des Kampfes so sehr beansprucht, dass sie auf dem schrägen Gesims vor dem Kellerfenster ausrutschte und – o weh – mitten in das Fangnetz der Kellerspinne hineingeschleudert wurde. Entsetzt schrie sie auf, und auch Dieter und der Doktor konnten einen Schrei nicht unterdrücken. Die Kellerspinne spürte die neue Beute sofort. Mit Windeseile war sie bei Traute, ließ die Wespe Wespe sein und wollte das kleine Mädchen schon in ihre Wohnröhre zerren.

Dieter und der Doktor wurden bleich vor Angst. Traute war in Lebensgefahr! Die Abenteuer fangen ja gut an. Das darf nicht sein. Beide rissen sich zusammen, legten gleichzeitig die Gewehre an. Von zwei Kugeln tödlich getroffen, ließ die Spinne von ihrem Vorhaben ab. Dieter und der Doktor warfen die Gewehre beiseite, eilten zu Traute und zerrten – vorsichtig jede Berührung mit den Fäden vermeidend – an dem kleinen Mädchen, um sie von den klebrigen Fäden zu lösen. Aber die Fäden waren zu elastisch, zu gummiartig. Sie konnten Traute wohl mit sich ziehen, aber auch die Fäden dehnten sich und ließen Traute nicht los. Sollte das erste Abenteuer so nieder- schmetternd enden? »Wir müssen Traute freibekommen!«, rief der Doktor. Die beiden zogen immer kräftiger. Aber auch die Fäden dehnten sich weiter aus und ließen Traute nicht los. Endlich löste sich ganz allmählich ein Klebe- tropfen nach dem anderen von dem Mädchen, und als sich der letzte ablöste, schnellte das Fangnetz wieder in seine ursprüngliche Lage zurück. Kein Loch war im Netz, es war nirgends beschädigt, so zäh und elastisch sind Spinnenfäden.

Dieter wollte nach der Rettung Traute freudig umar- men, aber der Doktor schrie: »Dieter, die Traute nicht anfassen, sonst bleibst du an ihr hängen, und ich allein kann euch nicht auseinanderziehen!« Der Doktor fand etwas Wasser in einer Vertiefung und reinigte das kleine Mädchen vorsichtig. So ein Pech, die Sache fängt ja gut an. Traute schluckte heimlich einige Tränen hinunter. »Hab' ich eine Angst gehabt! Ich dachte schon, die hässliche Spinne würde mich töten und auffressen.« Doch auch Dieter war noch immer sehr aufgeregt und seine Angst noch nicht verschwunden. »So eine Spinne, so ein Satan!«, fluchte er.

Aber bald hatten sich die drei wieder beruhigt. Dieter fing sogar an, ein wenig zu spötteln und fragte vorsichtig: »Sage mal, Doktor, sind die Tiere in deinem zoologischen Garten alle so gefährlich? Ich denke, deine Tiere sind dressiert und fressen aus der Hand?« Traute lachte schon wieder mit, und so ging es mit frischem Mut die Strickleiter wieder hinab.

Als sie wieder festen Boden auf der Galerie hatten, krabbelte gerade ein Käfer darauf entlang. Als ob er die Gicht hätte, so schwerfällig und langsam schlich der Bursche seinen Weg dahin. »Ist der Käfer vielleicht krank?«, wollte Traute wissen.

Der Doktor antwortete: »Der ist nicht krank, der Bursche läuft immer so, als ob er sich kaum bewegen könne. Es ist der Toten- oder Trauerkäfer. Seine Larve sieht ungefähr so aus, wie ein Mehlwurm. Sie hat keine Augen, ist aber außerordentlich lebenszäh. Ihr wisst ja, Unkraut vergeht nicht. Wenn sich die Larve zum Käfer verpuppt, dann gräbt sie sich irgendwo tief in die Erde ein. Ihr müsst nicht dran glauben, aber die Begegnung im Keller mit dem Toten- oder Trauerkäfer soll – wie es heißt – Unglück bringen.«

Dieter meinte: »Das Unglück haben wir ja schon weg, nun kann uns bestimmt nichts mehr passieren. Im übrigen bin ich nicht abergläubisch.«

Traute war dem Käfer etwas näher gekommen. Jetzt hielt sie sich die Nase zu und rief: »Pfui, der Käfer stinkt ja wie die Pest. Was ist denn das für ein ekelhafter Geruch?«

Der Doktor lachte laut. »Ja, meine liebe Traute, wenn man so unappetitliches Zeug frisst, wie der Totenkäfer, dann kann man nicht nach edelstem Parfüm duften.«

»Was frisst denn der?«

»Das will ich euch verraten. Der Totenkäfer frisst nämlich Exkremente anderer Tiere, also deren eklige Hinterlassenschaften.«

Traute und Dieter rückten entsetzt von dem Käfer ab, und der Doktor lief lächelnd hinterher. Sie schlugen die entgegengesetzte Richtung auf der Holzgalerie ein. Plötzlich blieb der Doktor stehen und zeigte auf ein Tier, das etwas kleiner als eine Schabe war. Das Tier hatte eine graue Färbung, war platt und breit gedrückt und bewegte sich auf vielen Beinen. Jedenfalls waren es mehr Beine als sechs wie bei den Insekten oder acht wie bei den Spinnen. »Was ist denn das?«

Traute erblickte sofort die vielen Beine. Ein Insekt konnte es also nicht sein, auch keine Spinne. Das wird sicher ein Tausendfüßler sein. »Ein Tausendfüßler!«, platzte sie heraus.

»Falsch geraten«, berichtigte sie der Doktor, »das ist ein Krebs.«

»Ein Krebs?«, riefen beide Kinder einstimmig, »aber Doktor, das kann unmöglich ein Krebs sein, der sieht doch ganz anders aus!«

»Habt ihr eine Ahnung, wie unterschiedlich Krebse aussehen können. Da gibt es welche, die gleichen Muscheln, andere wiederum Läusen oder sogar Würmern. Der Krebs hat eine riesige Verwandtschaft. Das hier ist auch ein Krebs, eine *Kellerassel*. Die Tiere gehen an die Gemüsevorräte im Keller und fressen sich daran satt. Merkwürdige Wesen sind das. Wie alle Krebse häuten sie sich. Wenn aber ein Weibchen keine Mutter geworden ist, wenn es Jungfrau bleibt, dann erfolgt keine Häutung. Noch merkwürdiger sind die Beine der Kellerasseln, mit denen können sie nämlich atmen. Stellt euch mal vor, ihr müsstet mit euren Beinen Luft holen. Wäre das nicht putzig? Und ihre Kinderwagen führen sie auch an den Beinen mit sich herum. Sie haben kleine Bruttaschen an ihren Gliedern, und da kommen die Eier hinein. Ist das nicht eine praktische Kinderwiege? Seht mal dort die Kugelassel, die kann sich sogar zu einer Kugel wie eine Erbse zusammenrollen.«

Krebse im Keller, das ist ja urkomisch, dachte Dieter, und dabei sehen die Krebse gar nicht aus wie Krebse, sondern wie Flundern mit Beinen. Das wird ja immer bunter mit dem Doktor Kleinermacher. Schließlich zeigt er mir noch Tiere die aussehen wie Käfer, und dann behauptet er vielleicht noch, die Tiere seien den Walfischen verwandt. Aber man muss dem Doktor Kleinermacher schon glauben, was er so sagt.

Bei ihrem Rundgang auf der Galerie näherten die drei sich den Kartoffel- und Gemüsevorräten. Aber sie blieben nicht lange allein auf dieser Wanderung, eine schlanke Kellerschnecke strebte dem gleichen Ziel zu. Die Kellerschnecke ist keine Hausbesitzerin, von ihrem Häuschen auf dem Buckel war nichts weiter übriggeblieben als ein verkümmertes Hornplättchen. Die Kellerschnecke ist eine *Nacktschnecke*. Das graue Wesen hatte eine schwarze Längsstreifung auf dem Körper. Manchmal zog sich die schleimige Masse bis auf die halbe Länge zusammen und wurde breiter und dicker, aber bald nahm die Kellerschnecke wieder ihre schlanke, lange Linie ein.

»Wieviel Beine hat denn die Schnecke?«, fragte Traute und sah schelmisch lachend den Doktor an. Doch der merkte nicht, dass Traute ihn foppen wollte und antwortete ernsthaft:

»Die Schnecke läuft auf einer Sohle. Sie breitet vor sich eine schleimige Bahn aus, und auf der Schleimbahn gleitet sie mit ihrer Sohle hinweg. Sieh, da hinter der Schnecke ist das Schleimband zu einem feinen Häutchen erstarrt. Die Schnecke baut sich im Wandern gleichsam ihre eigene Straße. Da wundert man sich immer, warum Schnecken so langsam sind. Vielleicht glaubt ihr, eine Schnecke, so ein formloser Schleimklumpen, sei nur ein paar Gramm Sülze? Habt ihr eine Ahnung! In der Schleimmasse liegen alle Organe sauber geordnet und aufgebaut, selbst Lungen sind vorhanden. Denn die Kellerschnecke atmet durch Lungen. Wie fast alle Schnecken sind auch die Kellerschnecken Zwitter. Männchen und Weibchen gibt es bei den Kellerschnecken nicht, jedes Tier ist Männchen und Weibchen zugleich. So etwas nennt man Zwitter. Da vorn in das Gemüse, am liebsten in faulende Reste, da legt die Kellerschnecke ihre 200 bis 300 Eier. Nützlich sind die Schnecken gerade nicht. Ich werde hier mal Kalk streuen, den mögen sie nämlich nicht.

Seht nur, wie sie ihre beiden Fühler dem Gemüse zuwendet. Sie scheint das Gemüse zu ahnen. Zwar hat die Kellerschnecke auf ihren beiden Fühlern Augen, man nimmt aber an, dass sie dennoch schlecht sehen kann. Die Wissenschaftler streiten sich noch darüber, ob die Kellerschnecke mit ihren Fühlern besser sehen, tasten oder riechen kann. So etwas hat schon unser Altmeister Goethe geahnt.«

Dieter ahnte schon, dass jetzt bald ein Goethe-Zitat kommen würde. Wenn der Doktor beim Staunen war, dann pflegte er immer Goethe zu zitieren. So lernte Dieter den Dichter ganz allmählich besser kennen. Der Doktor brauchte nur zu sagen *unser Altmeister*, oder *unser Meister*, oder *der große Dichter*, immer war Goethe gemeint, jeder Irrtum war ausgeschlossen. Der Doktor erklärte jetzt:

»Goethe lässt in seinem Faust von einer Schnecke sprechen:

Siehst du die Schnecke dort?
Sie kommt herangekrochen;
Mit ihrem tastenden Gesicht
Hat sie mir schon was abgerochen.

Da habt ihr es. Goethe wusste auch nicht, ob Gesicht, Tastsinn oder Geruch bei der Schnecke am besten entwickelt ist.«

Inzwischen hatte die Schnecke das Gemüse gesehen, gerochen oder ertastet. Ihre Reibzunge war mit vielen kleinen Zähnchen besetzt, und so schabte sie munter in dem Gemüse herum, um sich daran sattzufressen.

44

Jetzt kam eine große Kröte angewatschelt. Längs über ihren Rücken zog sich ein schwefelgelber Streifen hin. Sonst war der Rücken grünbraun, der Bauch schien grau zu sein. Die Kröte sprang nicht, wie ihr Vetter der Frosch, sondern watschelte auf allen Vieren durch den Keller. Es war eine Kreuzkröte, wie der Doktor erläuterte. Die kann zwar klettern und schwimmen, aber wie ein Frosch springen kann sie nicht. Kröten werden alt, erzählte der Doktor noch, sie können bis zu 50 Jahre alt werden, erst mit vier oder fünf Jahren sind sie erwachsen.

Jetzt war die Kröte der Schnecke nahe gekommen. Die Schnecke war aufs höchste beunruhigt. Aber sie hatte kein Häuschen, um sich darin zurückzuziehen. Die Schnecke wollte fliehen. Aber so geht es den Sohlenschleichern, Geschwindigkeitsrekorde können sie nicht aufstellen. Die Kröte war da, schnappte zu, und im Keller gab es eine Kellerschnecke weniger. Arme Schnecke, die Kröte hat mit dir kurzen Prozess gemacht. Der Doktor jedoch war zufrieden. Kröten sind sehr nützlich, man muss sie pflegen und willkommen heißen, fressen sie doch den Keller von allem Ungeziefer frei.

Die drei kamen auf ihrer Galerie der Kröte etwas näher und wollten sie von nahem besehen. Da zog die Kröte ihre Rückenhaut zusammen, die zahlreichen Drüsen auf der Rückenhaut wurden zusammengepresst und eine schleimige Flüssigkeit kam zum Vorschein. Pfui, Kröte, das stinkt ja erbärmlich. »Nach abgebranntem Pulver riecht es hier«, sagte Dieter, mit der Nase in der Luft schnüffelnd. Dann konnten sie den Gestank nicht mehr ertragen und gingen rasch weiter. Das war der zweite Stinker im Keller.

Bis auf die Kaninchen da hinten im Verschlag, werden wir wohl nun alle Tiere im Keller kennengelernt haben, dachten die Kinder. Aber der Doktor wollte sich in keine Erörterungen einlassen, gebot Ruhe und schaute immer aufmerksam im Keller herum. Jetzt raschelte es verdächtig dort hinten. Richtig, die Ratten, wie konnte man nur die Ratten vergessen. Jetzt war auch eine Ratte zu sehen. Kinder, war das ein großes Biest, da müssten ja selbst die Katzen Angst bekommen. Der Schwanz war beinahe so lang wie der Körper, und deutlich konnte man an dem Schwanz die Schuppenringe erkennen. Bräunlichgrau war die Ratte – eine Wanderratte – gefärbt. Das Tier schien Nahrung im Kaninchenkäfig zu wittern und es gelang ihr, einen Zugang hinein zu finden. Das Kaninchen war zunächst erschrocken, wollte sich aber nicht von der Ratte verdrängen lassen und ging mutig auf sie los. Aber die Ratte sprang dem Kaninchen ins Gesicht und biss zu, wonach es furchtsam zurückzuckte. Nun konnte wie Ratte ungestört am Grünzeug weiterknabbern, während das Kaninchen blutend und ängstlich in einer Ecke verharrte. So frech sind die Ratten! Sie springen sogar Kühen ins Gesicht und verjagen sie vom Futtertrog.

Nun kamen noch mehr Ratten an und bevölkerten den Keller. Aber was ist denn das? Was hat denn der Doktor für Vorrichtungen im Keller aufgestellt? Sollten das Rattenfallen sein?

In der Mitte des Kellers stand eine Wanne mit Wasser, zur Hälfte darüber befand sich ein Brett. Auf dessen hinteren, über dem Wasser befindlichen Teil lag ein Stück Brot. Eine Ratte kreiste wie ein Raubtier um die Vorrichtung, zog immer engere Kreise. Ratten sind verdammt schlau, aber auch sehr gierig. Jetzt betrat die Ratte vorsichtig das Brett und schob sich langsam dem Brot zu. Langsam, sehr langsam kam die Ratte voran, immer näher an das Brot; jetzt wollte sie zuschnappen, da kippte das Brett und plumpste samt Brotstück und Ratte ins Wasser.

Völlige Stille herrschte im Keller, nur das Geräusch der im Wasser schwimmenden Ratte war zu hören. Ratten können zwar sehr gut schwimmen, aber wie kam diese Ratte wieder heraus? Der Wannenrand war steil und glatt, irgendwann würde die Ratte ermüden und ertrinken. Der Doktor hasste die Ratten, sie bringen uns die Pest und die Trichinose, sagte er, aber er wollte kein Tier unnütz quälen. Er legte sein Gewehr an, zielte und schoss. Wie ein Stein sackte die Ratte nach unten und blieb reglos auf dem Wannengrund liegen. Das von ihr blutig gebissene Kaninchen war somit gerächt.

Unter der Galerie hatte der Doktor einen großen Topf in die Erde eingegraben, dessen Wände ebenfalls glatt und steil waren. Das war eine weitere Rattenfalle. Fett, verdünnten Honig und gebratenen Speck hatte er hinein getan, damit deren Düfte die Ratten anlocken sollten.

Der Schuss war noch nicht lange verhallt, als die Ratten schon wieder hervorkamen. Ein freches Gesindel, dieses Rattenvolk. Der Geruch von den Leckerbissen im Topf erzielte schon bald seine Wirkung. Eine Ratte näherte sich ihm ganz vorsichtig. *Ob das wohl wieder eine Todesfalle ist?*, dachte sie vielleicht. Doch dann konnte sie sich nicht länger zurückhalten. Kopfüber stürzte sie sich in den Topf, um von dem lecker duftenden Inhalt zu naschen. Sie fraß und fraß, dann wollte sie wieder hinaus. Aber es gelang ihr nicht, die glatte Wand emporzuklimmen, als sich bereits eine weitere Ratte in die Falle stürzte. Die drei Menschenzwerge beobachteten den verzweifelten Versuch beider Ratten, der Falle zu entkommen und überlegten schon, sie durch Gewehrschüsse zu töten. Da sprang durch das Kellerfenster ein Tier herein, kaum größer als eine Ratte, hechtete blitzartig mitten unter die überall auf dem Kellerboden herumlaufenden Ratten, erfasste eine davon im Genick und biss sie tot. Es war ein Wiesel, das sich eine Beute geholt hatte. *Flink wie ein Wiesel,* sagt man zu recht. Denn bevor sich die drei von ihrem Schrecken erholt hatten, war das Wiesel mit der Ratte im Maul durch das Kellerfenster wieder verschwunden.

Jetzt wurde es aber Zeit, dem Rattenunwesen ein Ende
zu machen. Der Doktor, Dieter und Traute legten an und
schossen im Schnellfeuer auf die Ratten, dass der Keller
dröhnte. Schließlich lagen drei tote Ratten auf dem
Boden, alle anderen hatten sich wieder verkrochen. Die
Gefahrlage war ihnen zu groß geworden und so ließen sie
sich für längere Zeit nicht mehr blicken. Nur die zwei im
Topf gefangenen Ratten versuchten immer noch, den
Topfrand zu erreichen.

Die drei lehnten sich an die Brüstung der Galerie und
überschauten das Schlachtfeld. War jetzt nicht bald ihre

Zeit um, mussten sie nicht bald wieder größer werden? Das Wunderwasser wirkte ja nur für eine bestimmte Zeit, bald musste die Kraft des Zauberwassers vorüber sein, und dann begann das Größerwerden.

So warteten die drei auf das Wachsen, und um die Zeit zu verkürzen, erzählte der Doktor von den großen Biestern, den Wanderratten.

»Früher gab es bei uns nur Hausratten, die waren etwas kleiner. Dann kamen aus Asien die großen Wanderratten und bissen alle Hausratten tot. Seit dieser Zeit sind die Hausratten sehr selten geworden, nur unter Dächern halten sie sich gelegentlich noch auf. Wie lange, dann werden sie von ihren stärkeren Brüdern auch von dort vertrieben sein. In der Schweiz gab es um 1570 beide Arten. Im Jahre 1732 kamen dann die ersten Wander-ratten auf Schiffen mit nach England, im Jahre 1755 waren sie schon in Nordamerika, in Südamerika dagegen schon früher. Selbst auf verlassenen Inseln siedelten sich diese Kreaturen an. Auf Ozeanschiffen fuhren sie mit und machten den Matrosen das Leben zur Hölle. Wenn sie durstig waren, kletterten sie sogar am Tage die Takelage empor und saufen das im Segeltuch angesammelte Regenwasser. Auf einem Polarschiff war die Plage so groß, dass die Forscher ihr Schiff verließen, die Mann-schaft aufs Eis ging und das Schiff ausräucherte. Aber die Ratten überlebten. Jetzt brachte man vom Land aus mehrere Hunde in das Schiff, damit die unter den Ratten aufräumten. Es dauerte nicht lange, da kamen die Hunde blutend und laut jaulend wieder nach oben. Fast wären sie von den Ratten gefressen worden. Erst Polarfüchse machten der Qual ein Ende und bissen die Ratten zu

Hunderten tot.

Ja, Kinder, Ratten sind gefährlich, sie lassen sich selbst durch dicke Balken aus Eichenholz nicht zurückhalten und knabbern sich sogar durch Wände. Sie haben schon Gänse totgebissen, Schweinen Löcher in den Bauch geknabbert und sollen selbst kleine schlafende Kinder angefallen haben. Im Hamburger Tierpark Hagenbeck waren einmal drei junge Elefanten eingegangen, weil Ratten den schlafenden Tieren die Fußsohlen durchgebissen haben, sodass sie verbluteten.

Früher war es üblich, verurteilte Verbrecher auf einsamen Inseln auszusetzen. Auf denen gab es manchmal mehr Ratten als Menschen und Bäume. Wenn die Gefangenen sich zum Schlafe niederlegten, dann mussten sie sich auf die Katzen um sich herum verlassen, da sie ohne diese Rattenfänger nicht mehr aufgewacht wären.

Ihr wisst sicher von der Schule her, dass Napoleon seine letzten Tage als Gefangener auf St. Helena verbringen musste. Diese Insel war aber voller Ratten, und es kam vor, dass der Kaiser kein Frühstück bekam, weil es die Ratten aufgefressen hatten. Wenn Napoleon seine Mahlzeiten hielt, besuchten ihn die frechen Tiere sogar mitten am Tage. Geflügel konnte der kaiserliche Haushalt nicht halten, Ratten erkletterten selbst die Bäume und holten sich das schlafende Geflügel herunter. Napoleons letzte Tage waren Rattentage. So starb der einst mächtigste Kaiser der Franzosen.

Die Ratten sind schrecklich. Unter ihnen fallen Väter ihre eigenen Kinder an und fressen sie auf. Selbst Mütter sollen sich am Kindsmord beteiligen. Trotzdem werden die Ratten nicht weniger. Eine Ratte bringt auf einmal bis zu 22 blinde Junge zur Welt, und das drei- bis fünfmal im Jahr! Ihr könnt euch vorstellen, dass so die Rattenpest kein Ende nimmt. Und wenn Eulen, Raben, Wiesel, Katzen, Rattenpintscher und Iltisse sich noch so viele Ratten holen, sie werden nicht weniger. Dabei gehen keineswegs alle Katzen an Ratten heran, obwohl schon der Katzengeruch die Ratten verängstigen soll.

Wir Menschen müssen fleißig bei der Rattenvertilgung mithelfen. Zwei einfache Rattenfallen habt ihr schon gesehen. Man kann auch Meerzwiebeln auslegen. Besonders wirksam aber grausam ist es auch, den Ratten Speisen mit ungelöschtem Kalk zu geben. Die hungrigen Tiere fressen davon, der Kalk erstarrt und verstopft die inneren Organe. Die Ratten gehen bestimmt ein. Es gibt aber auch weniger grausame Mittel, um Ratten zu vernichten.«

Traute zeigte sich noch immer schockiert durch das Gemetzel und fragte:

»Wie kommt es denn, Doktor, dass in deinem Haus so viele Ratten herumlaufen. Ich dachte, es gäbe heutzutage in Wohnhäusern keine solche Viecher mehr.«

Der Doktor räusperte sich:

»Ja, liebe Traute, deine Frage ist berechtigt. Normalerweise befindet sich auch in meinem Haus keine einzige Ratte. Aber nach dem kürzlichen Regen ist der an meinem Haus vorbeifließende Bach stark angeschwollen und scheint Wanderratten mitgeführt zu haben. Einigen Exemplaren muss es gelungen sein, durch den Abwasserkanal in meinen Keller zu gelangen. Ich hatte bereits Giftköder ausgelegt, dann dachte ich aber, dass ich euch das Rattenvolk vorher zeigen sollte. Ich nahm also den Giftköder wieder weg und so seid ihr in den Genuss gekommen, Ratten aus nächster Nähe beobachten zu können.«

Jetzt lenkte Dieter ab:

»Gibt es tatsächlich so etwas wie Rattenkönige?«, wollte Dieter wissen. »Wenn acht oder sechzehn Ratten am Schwanz zusammengewachsen sind – so habe ich mal gehört – sei das ein Rattenkönig. Er würde von den anderen Ratten gehegt und gefüttert. Ist das so?«

Der Doktor erwiderte: »Gewiss ist das nichts als dummes Geschwätz. Alles was krankhaft ist, hassen die Tiere in der Freiheit. So einen Rattenkönig würde man sicher auffressen und nicht pflegen und füttern. Die Wildheit der Natur kennt kein Krankenhaus. Man hat aber tatsächlich Ratten gefunden, die so zusammengewachsen waren, wie du es beschrieben hast. Sicher sind die Tiere nicht so geboren worden, vielleicht haben Hautausschwitzungen die Schwänze verklebt, auf keinen Fall aber ...«

Traute schrie plötzlich: »Doktor, ich wachse.«

Alle drei verspürten ein Kribbeln in ihren Körpern, jetzt begann das Wachstum. Die kleine Holzgalerie konnte die immer schwerer werdenden Körper nicht mehr halten, und die Holzbalken begannen schon verdächtig zu knacken. »Schnell über das Geländer in die Tiefe springen, die Galerie bricht«, schrie der Doktor. Die Kinder folgten ihm und sprangen ebenfalls hinab Noch im Fallen wuchsen sie mit unheimlicher Geschwindigkeit und erreichten sicher und ohne Beschwerden in normaler Größe den Fußboden des Kellers. Der Doktor hob die winzigen Gewehre und Laternen auf, als er ein jämmerliches Quietschen vernahm. Die drei Abenteurer hatten nämlich die beiden in der Wasserwanne gefangenen

Ratten total vergessen. Sie beugten sich über diese Falle und mussten nun zusehen, wie die größere der Ratten über die kleinere herfiel und diese aufzufressen begann. »Kannibalen!«, knurrte der Doktor verabscheuend, dann verließen die drei den finsteren Kellerraum.

Es war spät geworden. Die Straßen lagen bereits im Dunkeln. Der Doktor begleitete die Kinder bis an ihre Haustür, dann kehrte er heim und legte sich schon bald ins Bett. Vor dem Einschlafen murmelte er vor sich hin: *Erst wollte der Dieter unbedingt nach Afrika, jetzt hat er kein Wort mehr von Afrika gesagt. Wenn man es geschickt anfängt, dann lassen sich Kinder sehr einfach von ihren Ideen abbringen. Nur geschickt muss man sein!* Dann gähnte er und schlief fest ein.

3

IM PATERNOSTER ÜBER DEM KÜCHENHERD

Traute hatte ihre Hausaufgaben gemacht und Dieter erwartete sie bereits vorm Haus, denn Sie wollten wieder Doktor Kleinermacher besuchen. Fröhlich plaudernd suchten sie wieder ihren alten Freund auf, der stets neue Abenteuer geplant hatte und jederzeit bereit war, sich mit ihnen abzugeben. Dieter und Traute hatten in seiner Gegenwart längst alle Scheu und Ängste abgelegt.

Freundlich empfing der Doktor auch diesmal die beiden, als sie bei ihm anklopften. Na, Doktor, hast du wieder eine Überraschung für uns? Du lächelst so verschmitzt, da steckt doch sicher etwas dahinter!

Und tatsächlich steckte etwas dahinter! Der Doktor führte beide Kinder in die Küche und deutete auf seinen Elektroherd.

»Na, erkennt ihr dort etwas Besonderes?« Enttäuscht blickten sich die Kinder an. Was war schon so ein Kochherd. Doch dann machten sie große Augen. »O, lieber Doktor, du kannst uns doch immer etwas Neues zeigen.«

Direkt an der Wand vom Fußboden bis zur Raumdecke hinauf war eine kleine Aufzugsanlage installiert, ein sogenannter *Paternoster*, der mittels eines Uhrwerks angetrieben wurde. Zwar hingen die einzelnen Fahrkammern nicht so dicht hintereinander, wie bei den gewöhnlichen Paternoster-Aufzügen, aber das war hier auch gar nicht nötig. Denn dieser Aufzug sollte ja nur die drei Zwerge befördern. Die kleinen Fahrkammern fuhren zunächst senkrecht vom Fußboden bis an den Elektroherd, von da ab bis zur Decke. Dort drehten sie sich um und fuhren wieder nach unten. Am Herd konnte man bequem aussteigen, auch an der darüber angebrachten Abstellfläche für Kochtöpfe, und dicht unter der Decke war ein schmales Brettchen zum Aussteigen angebracht. Dieses führte unter der Decke entlang bis zur Ecke über dem Herd und war von einem zierlichen Geländer eingefasst. Sofern das Uhrwerk aufgezogen war, setzte sich der Paternoster in Betrieb. Der Doktor hatte allerdings auch eine Schaltung vorgesehen, um den Aufzug jederzeit anhalten zu können. Ein feiner Zwirnsfaden führte griffbereit an allen Fahrkammern vorbei. Zog man daran, dann hielt das Fahrwerk an. Zog man ein zweites Mal, so setzte es sich erneut in Bewegung.

Die Kinder waren sprachlos vor lauter Staunen und der Doktor begann, ihnen alles vorzustellen:

»Heute möchte ich euch meinen kleinen Küchen-Zoo zeigen. Damit ihr – wenn ihr winzigste Zwerglein geworden seid – schnell und sicher zum Herd hinauf, von dort über den Kochtopf-Sims bis dicht unter die Raumdecke kommt, habe ich diesen Paternoster-Aufzug errichtet. Die Strickleiter im Keller neulich fand ich doch zu umständlich und auch zu gefährlich.«ʾ

»Was gibt es denn hier für Tiere?«, fragte Traute schüchtern. »Später, Traute, wir haben jetzt keine Zeit zu langen Erklärungen«, antwortete der Doktor. »Es beginnt schon dunkel zu werden. Obwohl sich alle diese Tiere erst im Dunkeln zeigen, da es samt und sonders Nachttiere sind, möchte ich doch schnell aufbrechen, damit wir uns ein bestimmtes Tier noch im Hellen anschauen können. Darum sollten wir uns eilen. Die drei Liliputlampen habe ich dabei, auch die drei Zwergengewehre, sicher ist sicher. Und hier stehen schon die Messbecher, ich habe sie bis zur Strichmarke 7 mit meinem Wunderwasser gefüllt. Trinkt sie schnell aus, beeilt euch!«

Im Handumdrehen schrumpften die drei zusammen, bis sie nur noch so klein wie Fliegen waren. Dann ergriff jeder sein Gewehr und seine Laterne. Der Doktor ging als erster zum Paternoster, doch bevor er einstieg, sagte er noch:

»Ich will zuerst einsteigen, weil ich da oben Bescheid weiß. Wir fahren direkt bis unter die Raumdecke. Verstanden? In die Fahrkammer nach mir steigt Trautchen ein. Dieter, du bist ihr dabei behilflich und steigst in die nachfolgende Fahrkammmer ein! Oben werde ich Traute beim Aussteigen behilflich sein. Also bis oben zur Zimmerdecke, keinesfalls schon vorher aussteigen! Solltet ihr den Ausstieg oben verpassen, müsst ihr nicht befürchten, dann auf dem Kopf zu stehen. Nein, ihr könntet dann die ganze Rundfahrt getrost – wie bei einem großen Paternoster – noch einmal machen. Das Ganze ist völlig ungefährlich, also nur keine Aufregung. Und sollte wirklich irgendetwas nicht klappen, bitte hier am Seil ziehen, dann kommt alles zum Stillstand.«

Der Doktor setzte das Uhrwerk in Gang, dann sprang er sicher in die erste Fahrkammer. Die nächste war für Trautchen bestimmt. Dieter half ihr beim Einsteigen, es klappte wunderbar. Nun stand Dieter allein auf dem Fußboden. Er beobachtete, wie der Doktor und Traute langsam nach oben entschwanden, durfte aber seine

Fahrkammer nicht verpassen. Es gab zwar noch viele davon, aber der Doktor wäre in Sorge gewesen, falls er nicht mit der nächsten oben angekommen wäre. Jetzt kam seine Fahrkammer an und mutig sprang er hinein. In der einen Hand hielt er seine Laterne, sein Gewehr hatte er sich um die Schulter gehängt, und mit der anderen Hand griff er zu.

Jetzt schwebte auch er langsam empor. Zuerst ging es an den riesiggroßen, weißen Kacheln seitlich des Herdes vorbei. Dann war die Herdplatte erreicht, aber es ging immer höher, über alle Kochtöpfe hinweg, die wie riesige Gasbehälter aussahen. Jetzt lag der Herd tief unter ihm, und er fuhr immer weiter an der weißen Kachelwand nach oben. Dort war schon das Brett zum Aussteigen zu sehen. Achtung, Endstation! Direkt unter der Decke. Der Doktor und Traute standen schon auf der Holzgalerie bereit. Ein Sprung, ein Schritt, nun war auch Dieter wohl - behalten oben angekommen.

Traute wagte kaum, in den Abgrund hinabzuschauen, so tief lag unter ihr die Küche. Aber der Doktor sagte: »Kinder, wir müssen uns beeilen, es wird bald dunkel, und ich will meine Hausspinne noch im Hellen sehen.«

Dieter verzog sein Gesicht: »Och, schon wieder eine Spinne! Spinnen haben wir doch schon so oft gesehen.«

Der Doktor wurde ärgerlich: »Ihr denkt wohl, Spinne ist Spinne! Da habt ihr euch aber gewaltig geirrt. Schon wie die verschiedenen Spinnen ihr Netz bauen, ist sehr interessant zu verfolgen. Die Kreuzspinne baut ein Radnetz, die Kellerspinne baut Röhren, und hier, die Hausspinne, seht ihr, die baut eine richtige Hängebrücke.«

Die drei waren auf der Holzgalerie bis zu der Ecke

gegangen. Nun sahen sie, dass sich hier eine Spinne mit ihren Fäden eine gewaltige Hängebrücke gebaut hatte. An einem Ende war eine trichterförmige Vertiefung angebracht, worin die Hausspinne auf Beute lauerte. Sie war erheblich größer als die drei in ihrer Fliegengröße. Der gelbe Körper hatte braune Streifen, die Beine waren schwarz und gelb geringelt. An ihrer Stirn hatte sie acht Punktaugen und nicht sechs – wie die Kellerspinne – , sie waren auch nicht in einer Reihe angeordnet.

Als sie noch beim Betrachten waren und das Bauwerk bewunderten, kam eine Fliege angebraust. Der Doktor fuchtelte wild mit seinem Gewehr herum, um sie zu verscheuchen. Aber die Fliege war kühn und ließ nicht locker.

Dieter wunderte sich, denn Stubenfliegen sind doch sonst nicht so mutig. Da kam die Fliege dem Spinnennetz zu nahe, und plumps, schon zappelte sie darin. Traute wollte das arme Tier befreien, aber der Doktor hinderte sie daran:

»Das ist nämlich keine Stubenfliege, das ist ein Wadenstecher . . .«

Weiter kam der Doktor mit seiner Erklärung nicht. Denn in diesem Augenblick stürzte die Spinne aus ihrem Trichter heraus und machte sich über die Fliege her. »So, jetzt ist es aus mit dem Saugen und Stechen, du böser Wadenstecher«, murmelte der Doktor. Während die Kinder dem Spinnenmahl zusahen, hatte der Doktor wieder etwas zu erklären:

»Schaut genau hin, Kinder, die gewöhnlichen Stuben - fliegen haben einen Rüssel, den sie nach unten neigen. Der Wadenstecher da hat aber einen spitzen Stechrüssel, den er immer waagerecht zum Kopfe hält. Auch trägt er seinen Kopf höher als die Stubenfliege, die ihren Kopf immer nach unten hängen lässt. Wenn die russischen Bauern schlafengehen, sollen sie im Bett immer die Fliegen totschlagen, die ihren Kopf nach oben halten. Die andern lassen sie leben, die stechen nicht.«

Traute sagte: »Ich dachte, es gibt unter den Stuben- fliegen etliche, die stechen, und andere, die nicht stechen. Die bösen Stecher sind also gar keine Stubenfliegen.« Und nachdenklich geworden fuhr sie fort: »Es schadet dem bösen Wadenstecher gar nicht, dass er jetzt im Netze hängt.«

Der Doktor fuhr mit seiner Erklärung fort:

»Die Wadenstecher legen ihre Eier meist in Pferdemist, Kuhmist haben sie nicht so gern. Im Mist entwickeln sich die Eier des Wadenstechers genau so, wie die Eier der Stubenfliege. Nur dauert die Entwicklung etwas länger. Dafür gibt es auch weniger Wadenstecher.«

»Gott sei Dank«, warf Dieter dazwischen. Langsam wurde es dunkler, und der Doktor drängte: »Wir müssen jetzt hinunter. Es ist besser, wir benutzen das Paternosterwerk solange es noch hell ist. Also nichts wie hin!«

Die drei machten sich auf den Rückweg, betraten nacheinander den Paternoster und stiegen am Kochtopf-Sims wieder aus, wie es der Doktor gewollt hatte. Der Sims lag voller Staub. Bis zu den Waden reichte der trockene Schmutz, und die drei mussten mühsam hindurchwaten. Hätte der Doktor doch nur vorher Staub gewischt. Er dachte doch sonst immer an alles. Man kam ja kaum voran. Aber halt, da war eine Straße, auf der man besser gehen konnte. Hier hatte wohl der Doktor beim Arbeiten an seinem Paternoster mit seinen Fingern entlang gewischt, wodurch eine staubfreie Straße entstand, auf der die drei nun besser gehen konnten. Ein wahres Glück, denn in dem knöcheltiefen Staub wären sie nur langsam vorangekommen.

Es war ein langer Weg, und der Doktor erzählte unterwegs noch etwas von seinen Spinnen:

»Es gab einen berühmten Astronomen namens Mädler. Bereits als Kind hatte er seinem Vater erklärt, Naturforscher werden zu wollen. Aber der Vater zeigte sich mit diesem Berufswunsch nicht einverstanden. Künstler und Naturforscher seien nur Hungerleider, hatte er gemeint. Beide Berufe brächten kein Geld ein, es wären brotlose Künste. Um den Jungen von seinem Plan abzubringen, sagte er, dass Naturforscher keinen Ekel empfinden dürften, so müsse ein künftiger Naturforscher auch Spinnen verzehren können. Aber er hatte nicht mit dem festen Willen seines Sohnes gerechnet. Denn schon bald trat der kleine Junge vor seinen Vater mit einem Butterbrot in der Hand, auf dem dicht nebeneinander Spinnen über Spinnen lagen. Er biss in das Brot, verzog dabei keine Miene und sagte, dass er doch Naturforscher werden wolle. Gegen diese mutvolle Gesinnung konnte der Vater nichts ausrichten. So wurde aus dem zielstrebigen Jungen ein berühmter Astronom.«

Traute schüttelte sich vor Ekel, aber der Doktor fuhr fort:

»Kinder, dieser Spinnenfraß steht gar nicht so vereinzelt da. Man glaubte früher, dass ein Spinnengericht ein gutes Mittel gegen Wechselfieber sei. Damals haben sich auch Kranke tote Spinnen aufs Butterbrot gelegt. Einmal beobachtete ich einen Kutscher, der auf die Wunden seines Pferdes eingesammelte Spinneweben legte. Er schwor Stein und Bein, dass Spinneweben ein blutstillendes Mittel seien. Es gibt schon komische Käuze. Kennt ihr übrigens das Märchen von der Entstehung der Spinnen? Da lebte im Altertum eine begnadete Spinnerin, eine griechische Jungfrau. Sie konnte so kunstvoll spinnen, dass die Götter neidisch wurden. Die Künstlerin hieß *Arachne*. Auf sie wurde die Göttin *Athene*, gleichfalls eine gute Spinnerin, neidisch. Sie forderte das Menschenkind zum Wettbewerb heraus. Arachne schreckte nicht davor zurück, mit der Göttin Athene um die Wette zu spinnen. Und sie spann so kunstvoll und überzeugend schön, dass alle erklärten, die Gewebe der Arachne seien – bei allem schuldigen Respekt vor den Göttern – doch viel schöner als die Gewebe der Athene. Das wollte die Göttin nicht dulden. Maßlos vor Neid verwandelte sie die anmaßende Arachne in eine hässliche Spinne. So kam der Sage nach die Spinne auf die Welt. Die Griechen benannten die Tiere nach dem Namen der unglücklichen Arachne, und heute bezeichnet man die Spinnen als *Arachnoiden*.«

Der Doktor erzählte und erzählte, während sie auf dem Sims weiter gingen und das Tageslicht immer schwächer wurde. Aber noch konnte man sehen. Plötzlich hielt der Doktor an. Er hatte am Tag zuvor mehrere Eier eines Ohrwurms gefunden und auf den Sims niedergelegt. Dann entdeckte er auch Mutter Ohrwurm und setzte sie in die Nähe der Eier aus. Kaum hatte die Ohrwurmfrau ihre Eier erblickt, als sie diese auch schon zu einem Häufchen zusammentrug und sich darüber legte, so als wollte sie sie ausbrüten. Irrtümlicherweise behauptet man, dass Ohrwürmer ihre Eier ausbrüten. Es dient aber mehr dem Schutz der Eier, wenn sich die Mutter wie eine Glucke über ihre zukünftigen Kinder legt. Denn selbst der Vater würde alle fressen, wenn er sie fände. Darum drängt auch das Weibchen, wenn es Eier legen will, das Männchen aus der gemeinsamen Wohnhöhle. Eine solche Ohrwurmmutter wollte der Doktor jetzt den Kindern zeigen.

Die Kinder wussten schon längst, dass Ohrwürmer keine Würmer sind, sondern Insekten, Verwandte der Schaben, Heimchen und Termiten, sogenannte Geradflügler. Denn auch die Ohrwürmer haben Flügel, die sie mit ihren beiden Zangen vor dem Fluge öffnen. Aber die Ohrwürmer fliegen nur selten, die meisten haben das ganz verlernt. Dass Ohrwürmer niemals in menschliche Ohren kriechen, um dort das Trommelfell mit ihren Zangen aufzubeißen und sich bis ins Gehirn durchfressen, das wussten die Kinder bereits. Ohrwürmer knabbern vorwiegend an Obst und Gemüse, sie wagen sich aber auch an

Dahlien-, Nelken- und Veilchenblüten, zum Ärger der Gärtner. Sie fressen allerdings auch Blatt- und Blutläuse, Raupen und Obstmaden. Was nützt es jedoch, wenn sie hin und wieder ein paar Blattläuse töten; damit gleichen sie den Schaden, den sie den Pflanzen und damit Gärtnern zufügen, nicht aus.

Jetzt standen die drei vor der *brütenden* Ohrwurm-mutter. Aber was war denn das? Aus den Eiern krabbelten ja schon die Larven heraus? Ob sich die Mutter wohl über ihre vielen kleinen Kinder freute? Der Doktor wurde traurig, als er an ihr weiteres Schicksal dachte. Denn sie würde – so will es die Natur – ihr Mutterglück nicht lange erleben. Im ersten oder zweiten Larvenstadium der Kleinen stirbt die Mutter, um dann von ihren eigenen Kindern gefressen zu werden. Somit ist für deren erste Nahrung gut vorgesorgt.

Auch den männlichen Ohrwurm hatte der Doktor vorher eingefangen, damit auch ihn die Kinder zu sehen bekamen. Er hatte ihn in eine Streichholzschachtel getan, damit er das *brütende* Weibchen in Ruhe lasse. Beim näheren Betrachten der Larven vernahmen die drei plötzlich ein Geräusch. Sie sahen mit Entsetzen, dass der Ohrwurm-Mann aus der Streichholzschachtel entkommen war. Der Doktor bangte jetzt um das Leben der Larven und fuchtelte wild mit seinem Gewehr herum, um den Ohrwurm zu vertreiben. Damit erreichte er aber nur, dass sich der Ohrwurm auf hinterlistige Weise verteidigte, nämlich durch die Verbreitung eines ekelerregenden Gestanks. Es roch jetzt nach Karbolsäure, wie man sie aus Krankenhäusern kennt. Der Doktor erklärte später, dass auch etwas Kreosol dabei gewesen wäre. Aber die Kinder hatten an chemischen Betrachtungen kein Interesse und liefen mit zugehaltenen Nasen davon. Auch der Doktor wich zurück, er konnte den Gestank ebenfalls nicht länger ertragen. Der Ohrwurm lief nun schnell davon, kam dem Rand des Simses zu nahe, stürtzte ab und prallte mit lautem Knall auf die Herdplatte. Die Kinder meinten, dass er nun tot sei. Aber der Ohrwurm krabbelte weiter als sei nichts geschehen.

Lange sahen die Kinder seiner Krabbelei auf dem Herd zu, sich dabei über den Rand des Kochtopf-Simses beugend. Aber dann brach die Dunkelheit herein, sodass kaum noch etwas zu erkennen war. Darum ließen sie ihre winzigen Laternen leuchten, um nicht wie der Ohrwurm in die Tiefe zu sausen. Da vernahmen sie einen ihnen bereits vertrauten Klang. *Zirp! zirp! zirp!* so tönte es immerzu. Traute jubelte vor Freude: »Das ist ja ein Heimchen, ein Heimchen, das möchte ich sehen. Führe uns zu ihm, Doktorchen, bitte, bitte.«

Das Heimchen saß irgendwo auf dem Sims. Die drei liefen in Richtung dieses Zirpens. Der Doktor ging auf der Staubstraße voraus, leuchtete, und erzählte dabei:

»Ja, Kinder, die Hausgrillen oder Heimchen lieben die Wärme, darum sind sie so oft am Kochherd anzutreffen. Es sind zwar nahe Verwandte der Schaben, aber so zahlreich wie die Schaben treten die Heimchen nicht auf. Sie ähneln auch mehr den Heuschrecken als den Küchenschaben. Nur können sie nicht springen, sie müssen laufen, das aber können sie sehr gut. Ich habe oft versucht, ein Heimchen mit den Händen zu fangen; immer wieder sind mir die kleinen Biester entwischt.«

Mit ihren Flügeln verursachen sie diese Geräusche,

etwa so wie die Heuschrecken. Spanier lieben die Heimchen und halten sie sogar in Käfigen, um ihr Zirpen ständig hören zu können. Aber zwei Nebenbuhler können auch gut gegeneinander kämpfen. Das sehen die Spanier besonders gern und veranstalten mit Heimchen regelrechte Wettbewerbskämpfe.

Noch etwas sollt ihr erfahren, nämlich dass nur die männlichen Heimchen zirpen. Und die Weibchen hören das mit ihren im Vorderbein angebrachten Ohren. Ist das nicht seltsam?

Zur Familie der Grillen zählt übrigens auch die Maulwurfsgrille, die wir damals im Maulwurfsbau angetroffen haben.«[1]

Der Doktor ging weiter erzählend voran. Oftmals unterbrach er sich, um auf den Weg zu achten. Plaudernd näherten sie sich dem Zirpen, bis sie im schwachen Schein ihrer Laternen das Heimchen erblickten. Da saß der lederbraune Geselle und zirpte sein Liebeslied durch die Küche. *Zirp! zirp! zirp!*, was soviel hieß wie: *Gibt's hier ein Weibchen? Ich sehne mich so sehr danach!* Dafür antwortete ein anderes Zirpen, das immer herausfordernder wurde. Es meldete sich ein Nebenbuhler, der auch ein Weibchen haben wollte! Unerhört! Ob jetzt wohl ein Heimchen zuviel in der Küche war, das sein Leben lassen musste? Da kam auch schon der Nebenbuhler angelaufen, und die beiden Heimchenmänner krachten zusammen und verbissen sich ineinander. Der Kampf war kein Sport, der Kampf war bitterer, blutiger Ernst. Die beiden Körper

---

[1] Siehe in ›*Doktor Kleinermacher führt Dieter in die Welt*‹.

wälzten sich im Staub, prasselten zusammen und verwundeten sich gegenseitig. Es war ein Kampf auf Leben und Tod, um eine nicht einmal existierende Heimchenfrau. Endlich hatte einer der beiden Kämpfer genug. Arg verstümmelt, etlicher Glieder beraubt, humpelte der Besiegte davon. Aber der Sieger sah auch nicht viel besser aus. Voller Stolz jedoch zirpte er weiter sein Liebeslied durch den Raum: *Zirp! zirp! zirp!*

Vorsichtig, mit schussbereiten Gewehren, zogen die drei an dem Heimchen vorbei. Aber der verliebte Zirper beachtete die Menschenkindlein gar nicht. *Zirp! zirp! zirp! Wo bist du, unbekanntes Weib? Komm zu mir, ich erwarte dich.*

Die drei liefen nun weiter die Staubstraße entlang, dem Paternoster zu. Der Doktor wollte auch noch der Herdplatte einen Besuch abstatten. Er vermutete dort eine große Ansammlung von Lebewesen. Also nichts wie hin zum Paternoster.

Im schwachen Licht ihrer Laternen betraten die drei vorsichtig ihre jeweilige Aufzugskabine. Schaurig war die Fahrt durch das Dunkel hinab, der Ausstieg auf der Herdstation erforderte größte Aufmerksamkeit. Aber es klappte alles gut, so dass die drei unversehrt auf der Herdplatte ankamen. Zaghaft gingen sie zwischen den Elektro-Kochplatten umher. Als Traute über eine Kruste stolperte, fiel ihr die Laterne aus der Hand, blieb aber zum Glück noch ganz. Dieter hatte seine stolpernde Schwester noch rechtzeitig aufgefangen. Wie sich später herausstellte, hatten sich zwischen zwei Kochplatten noch Essensreste befunden, worüber Traute gestolpert war und die der Doktor – dieser Schlamper – vorher nicht entfernt hatte.

Endlich sahen sie, was der Doktor ihnen zeigen wollte. Mit affenartiger Geschwindigkeit huschten Schaben in allen Größen über die Herdplatte. Die Schaben wachsen nämlich unaufhörlich, sie bleiben ausgewachsen nicht zeitlebens gleich groß, wie etwa Fliegen und Käfer. Das Weibchen setzt nicht einzelne Eier in die Welt, sondern immer ganze Eierpakete. Jedes Paket enthält 6 bis 48, meistens etwa 16 Eier. Lange baumeln die Eipakete ihr aus dem Hinterleib heraus, manchmal eine Woche, manchmal auch zwei Wochen lang, bis sie abgeladen werden. Und das ereignet sich mehrmals im Jahr! Die Schaben kennen kein Puppenstadium wie Fliegen, Schmetterlinge, Käfer und viele andere Insekten. Die

Schaben wachsen fortwährend und häuten sich oft, wenn ihnen ihre alte Haut zu eng geworden ist. Darum gibt es, wie die Kinder jetzt sahen, Schaben in allen Größen.

Der Doktor war den Schaben offenbar noch nicht nahe genug und ging vorsichtig und langsam den Tieren immer näher. Zögernd folgten ihm die Kinder. Jetzt sahen sie eine große, runde Dose, innen mit Schwarzem gefüllt. Wie verrückt drängten die Schaben nach jener Dose. Das schwarze Zeug musste ihnen schmecken, denn ihr Eifer, zur Dose zu gelangen, war wirklich groß.

Plötzlich ging dem Dieter ein Licht auf. Bei den ungewohnten Größenverhältnissen hatte er die Dose nicht gleich erkannt. Aber jetzt war ihm alles klar. Die große Dose mit der schwarzen Masse war eine Schuhcreme-Dose! Dass er das nicht gleich erkannt hatte. Laut musste er lachen. Schuhcreme – eine Delikatesse für Schaben! Er hatte das Zeug absichtlich hingestellt, um damit die Schaben anzulocken.

Aber gab es seitlich davon nicht ein noch größeres Gewimmel? Was hatte denn der Doktor da hingestellt? Das musste man aus der Nähe betrachten. Also nichts wie hin!

Unzählige Schaben drängten sich um ein flaches Becken, worin sich eine Flüssigkeit befand. Gierig tranken sie davon, und wenn eine genug hatte, lief sie schwerfällig weg. Die Schaben gelten als schnelle Läufer, aber jetzt zogen sie so plump und torkelnd ab, dass Dieter annahm, dass der Doktor ihnen irgendein Gift hingestellt habe. Das roch ja auch so eigenartig, so nach ... war das nicht Bier? Richtig, der Doktor hatte einen Rest von Bier auf jene flache Schüssel gegossen, die nichts anderes als eine normale Untertasse war. Und die Schaben waren wie versessen auf diesen Bierrest. Wenn sie genug getrunken hatten, dann waren sie – ja, tatsächlich – beschwipst. Dieter meinte lästernd, das seien *besoffene Schaben*. Traute erwiderte, dass man das auch anders ausdrücken könne. Die Schaben hätten halt einen Schwips, das höre sich besser an. Daraufhin mussten beide lachen.

Das Lachen verging ihnen aber schon bald. Denn die Schaben fühlten sich durch die drei winzigen Menschenkinder unangenehm beobachtet. Diese unheimlichen Wesen kamen immer weiter auf sie zu. Aus ihren Mäulern tropfte ein dunkler Saft, der einen widerwärtigen Gestank verbreitete. Jetzt war es an der Zeit, sich zu wehren. Rasch entschied der Doktor, die Jagdgewehre einzusetzen

Da kam aber Bewegung in das Gewimmel der Schaben! Blitzschnell stieben die Tiere auseinander und die drei Zwerge fanden keine Gelegenheit, ein weiteres Mal zu schießen. Obgleich jeder schwor, dass er ein Tier getroffen habe, blieb nicht eine einzige Leiche auf dem Schauplatz liegen. Schaben haben ein zähes Leben. Sie können die schwersten Verwundungen ertragen und rennen doch noch fort, wie ein geölter Blitz.

Da standen nun die drei allein auf der Platte des Herdes, mitten zwischen den Kochplatten, deren Ränder sich aus ihrer Perspektive bis in den Himmel erstreckten. Kein Tier ließ sich mehr sehen. Nur von weitem vernahmen sie noch das Zirpen des Heimchens: *Zirp! zirp! zirp!*

Der Doktor unterbrach die Stille: »Kinder, ich glaube, es wird Zeit. Wenn wir größer geworden sind, dann können wir unseren Aufzug nicht mehr benutzen. Also fertigmachen zur Abfahrt!«

Bald erreichten sie den Aufzug, stiegen nacheinander ein und schwebten langsam in die unheimlich dunkle Tiefe hinab, bis sie am Küchenfußboden aussteigen konnten. Hier stellten sie ihre Laternen ab, hielten aber die Gewehre schussbereit in den Händen, setzten sich auf ein abgebranntes Streichholz am Boden und warteten auf ihr Wachstum.

Der Doktor erleichterte den Kindern die ganze Warterei und sagte:

»Schaben, Heimchen und Ohrwürmer, dass sind nahe Verwandte. Auch die Termiten gehören dazu. Die Insektenforscher bezeichnen sie als *Geradflügler*, denn auch

Schaben besitzen Reste von Flügeln. Früher gab es in Deutschland nur die kleine braune Hausschabe. Man kennt sie auch unter dem Namen *Russen*. Die Deutschen nannten sie deswegen *Russen*, weil sie meinten, von dorther seien die Viecher gekommen. Die Russen dagegen behaupteten, nach dem Siebenjährigen Krieg hätten die russischen Soldaten sie aus Preußen eingeschleppt.

Fest steht jedenfalls, dass nach den Kreuzzügen eine größere, schwarze Art aus dem Orient stammt. Die Kreuzritter sollen sie eingeschleppt haben. Genau wie die Wanderratten die kleineren Hausratten verdrängten, so verdrängten die *Kakerlaken* die kleineren *deutschen Schaben*. Die deutschen Schaben verließen allmählich die Häuser und hielten sich bald nur noch in der freien Natur auf. Wie die Wanderratten machten die Kakerlaken sich sogar auf den Schiffen breit und eroberten somit die ganze Welt.

Dann aber kamen aus Amerika und Südasien noch größere Schaben. In Hafenorten waren sie bald sehr zahlreich, jetzt sind sie sogar bei uns in Backstuben und Brauereien zu finden.

Die Schaben fressen alles, was sie anknabbern können. Sie sind sozusagen die *Ratten unter den Insekten*. In heißen Ländern sind sie eine wahre Pest. Die Fußböden mancher Küchen in diesen Gegenden scheinen in Bewegung zu sein, denn oft laufen die Schaben dort massenweise herum. Hat man beim Essen etwas auf die Kleidung verkleckert, so kann es vorkommen, dass die Kakerlaken des Nachts diesen Fleck schön säuberlich aus dem Stoff herausfressen. Ja, schlafenden Menschen sollen sie sogar schon Blasen an den Füßen aufgebissen haben. Ihre

Lebensdauer richtet sich nach der durchschnittlichen Temperatur ihres Lebensraumes. In den warmen Ländern sind sie nach einem Jahr, bei uns in etwa nach drei bis vier Jahren erwachsen und feiern Hochzeit. Aber sie haben auch Feinde. Sie werden von bestimmten Schlupfwespen angegriffen, sogar von eigenen Darmbakterien.

Der Doktor wollte noch mehr erzählen. Aber inzwischen hatten die drei ganz vergessen, dass sie auf Größerwerden warteten, und jetzt meldete sich das Prickeln an. Alles um sie herum wurde immer kleiner, wie winzige Glühwürmchen sahen jetzt die Laternen aus. Bald hatten die drei die Herdplatte erreicht, und schließlich wurde aus der unheimlichen, großen Höhle wieder eine normale, unscheinbare Küche.

Der Doktor knippste das Licht an und geleitete die beiden Kinder bis an die Tür.

»Es wird ja immer später bei unseren Ausflügen, eure Eltern werden gewiss mit euch schimpfen. Hoffentlich sehen wir uns bald wieder, vielleicht gibt's dann noch etwas viel Interessanteres in meinem Haus-Zoo zu entdecken. Wer weiß . . .«

Zufrieden machten sich die Kinder auf den Heimweg; der gute Doktor Kleinermacher sah ihnen noch eine Weile hinterher.

4

ENTDECKUNGSFAHRTEN IM KÜCHENSCHRANK

Wieder einmal suchten Dieter und Traute am späten Nachmittag ihren Doktor Kleinermacher auf, der den beiden wie immer freudig strahlend die Tür öffnete. Er bot seinen jugendlichen Freunden eine Tasse Kakao sowie selbstgebackene Plätzchen an und sagte:

»Wenn ihr Lust und Zeit habt, dann könnten wir gleich zu einem neuen Abenteuer aufbrechen, das wir diesmal in meinem Küchenschrank erleben werden. Aber es ist schon spät und wir müssten uns gleich fertig machen.« Freudig stimmten die Kinder zu und gingen mit dem Doktor in die Küche.

Mit Erstaunen sahen sie, dass der Doktor am Küchenschrank einen winzig kleinen Fahrstuhl errichtet hatte, der bis zur Raumdecke hinauf führte und durch seitlich angebrachte Schienen gehalten wurde. An jedem Fach des offenen Küchenschrankes hatte er ein Brettchen angebracht, damit man überall aussteigen konnte. Parallel zu den Schienen hatte der Doktor – wie beim Paternoster – zwei Zwirnfäden angebracht, die leicht vom offenen Fahrstuhl aus erreichbar waren und von denen der rechte zum Halten und der linke zum Anfahren vorgesehen war. Man brauchte nur leicht daran zu zupfen, dann reagierte der Fahrstuhl sofort. »Mir ist es lieber, wenn wir zusammenbleiben«, erläuterte der Doktor. »Außerdem habe ich alle erforderlichen Sicherheitseinrichtungen angebracht, damit nichts passieren kann. Wenn wir den Fahrstuhl betreten oder verlassen wollen, dann müssen wir vorher das den Zugang absperrende Gitter öffnen. Der Fahrstuhl fährt aber nur an, wenn das Gitter geschlossen ist.«

»Dann wäre ja alles in bester Ordnung«, staunte Dieter.

Der Doktor hatte bereits die Messbecher bereitgestellt und bis zur Strichmarke 7 mit dem Wunderwasser gefüllt. Alle tranken ihren Becher aus, wonach sie so klein wie Fliegen wurden. Das war gerade die richtige Größe, um den Aufzug benutzen zu können. Vorher hatte der Doktor das Uhrwerk noch in Gang gesetzt, und dann stiegen sie ein. Als der Doktor am linken Zwirnsfaden nach oben zupfte, setzte sich der Fahrstuhl aufwärts in Bewegung. »Wenn ich wieder abwärts will, muss ich nach unten zupfen«, erläuterte er noch.

Das Tageslicht wurde bereits schwächer, die drei hatten wieder ihre Laternen und Gewehre dabei. Dieter blickte beim Vorbeifahren in das erste Fach des Küchenschrankes. Dort standen große, braune Schüsseln aufeinander. Deren blanke Politur wirkte aus der Fliegenperspektive wie ein Felsengebirge aus glänzendem Gestein, in dem man sich spiegeln konnte. Auch riesige Ungetüme standen dort, nämlich die Kochtöpfe. Dazwischen stand ein Turm aus Aluminium, die Milchkanne. Als Dieter immer höher kam, schaute er sich alles von oben an, was ein seltsamer Anblick war. Am zweiten Fach musste er zusammen mit dem Doktor und Traute aussteigen.

Tüten und Töpfe standen hier herum, sowie Stapel von Tellern und Schüsseln. Die Verzierungen und Blümchen auf Porzellanschalen wirkten von weitem gewaltig, wenn man aber näher kam, dann erschien alles wie Pfuscharbeit. Die Künstler hatten ihre Arbeiten natürlich nicht für den

Anblick aus der Fliegenperspektive geschaffen. Hier lief Farbe über, dort fehlte ein Stück Farbe oder die Linienführung war unterbrochen. An anderer Stelle trafen zwei Farben so unsauber aneinander, dass es einem richtig weh tat. Aus der Perspektive eines Zwerges sollte man sich also niemals menschliche Kunstwerke anschauen.

Auf eine kleine Untertasse hatte der Doktor schon lange zuvor etwas Mehl als Köder gestreut, und die drei befanden sich jetzt einem gewaltigen Mehlberg gegenüber. Als sie näher traten, sahen sie, dass es darin nur so kribbelte und krabbelte. Gewaltige Würmer durchwühlten ihn – es waren die Larven des *Mehlkäfers*.

Gelbbraun, glänzend und rund waren diese Ungeheuer, und ihre Haut war lederartig. Ihre Köpfe hatten keine Augen, die Mundöffnung am Kopf war nach unten gerichtet, und sie fraßen ununterbrochen. Kurze Fühler hatten sie am Kopf und unter dem Leib sechs Beinchen. Außer ihnen befanden sich in dem Mehlberg noch zahlreiche weiße, sich kaum bewegende Körper. Als die Kinder rätselnd davorstanden, näherte sich ein Käfer und ließ sich auf dem Mehl nieder; er war dunkelbraun und nur etwas größer als die Larven.

»Bestimmt wird jetzt der Käfer diese Würmer fressen«, meinte Traute.

Aber der Doktor erklärte: »Nein, diese Würmer sind die Kinder des *Mehlkäfers*, sie werden als *Mehlwürmer* bezeichnet.. Es sind allerdings keine Würmer, sondern Käferlarven. Da sich diese Tiere so rasch vermehren, werden sie in Zuchtanlagen gehalten. Unsere Stubenvögel fressen nämlich zu gern solche Mehlwürmer. Diese ernähren sich nicht nur von Mehl, sondern nagen sich selbst durch Lumpen und Papier hindurch, fressen Brotreste und sogar tote Tiere und Taubenmist. Wenn man den Mehlwürmern eine tote Maus vorlegt, dann knabbern sie das Fleisch so säuberlich ab, dass nur noch die blanken Knochen übrig bleiben. Wenn sie – fünfzehn bis zwanzig Monate lang – genug gefressen haben, dann verpuppen sie sich. Bei den weißen Körpern im Mehl handelt es sich um die Käferpuppen. Aus denen entwickeln sich die Mehlkäfer. Die sehen zuerst blass und gelb aus, später werden sie dann braun und dunkelbraun. Auch sie sind langlebig und werden über vier Monate alt. Aber lasst uns nun weitergehen, ich habe euch noch einiges andere zu zeigen.«

Der Doktor führte die beiden Kinder zu einer weiteren Untertasse. Darauf hatte er bereits einige Getreidekörner als Lockspeise ausgebreitet. Zunächst konnten die Kinder hier nichts Aufregendes erkennen, bis plötzlich ein Getreidekorn in Bewegung geriet. »Nanu, sind denn dieses Getreidekörner lebendig?«, staunte Dieter. Aus einem Getreidekorn zwängte sich jetzt ein scheußlich aussehendes Geschöpf heraus. Zweifellos war auch das ein Käfer. Der war dunkelbraun gefärbt, und seine Flügeldecken schienen besonders hart zu sein. Aus lauter Punkten bestehende Streifen führten über seinen Rücken hinweg. Sein Rüssel ähnelte dem eines Elefanten, nur war er etwas nach unten gebogen. Am Rüsselanfang traten zwei Fühler heraus. Was es doch für merkwürdige Tiere gab! Natürlich konnte der Doktor auch hierzu einiges sagen:

»Das ist ein *Kornrüsselkäfer*. Der bohrt mit seinem Rüssel ein Loch in ein Korn, dann dreht er sich um und

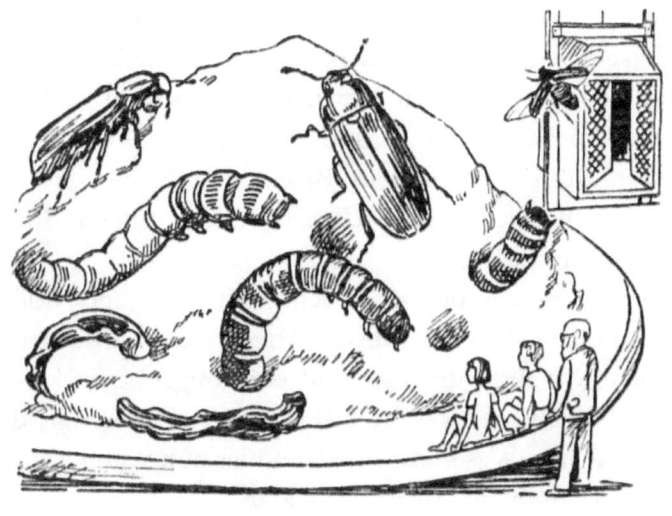

schiebt ein Ei hinein. Danach schließt er das Loch wieder
so gut, dass es kaum noch zu sehen ist. Ein einziger
Kornrüsselkäfer vermag 150 Eier in die Getreidekörner zu
befördern. Die Larve, die aus dem Ei schlüpft, frisst das
ganze Korn aus. Danach verpuppt sie sich zu einem
Käfer. Dessen Nahrung besteht wieder aus Getreide jeder
Art. Aber man kann diesen Schädling dadurch bezwingen,
indem die Getreidevorräte luftig gelagert und öfters
umgeschaufelt werden. Denn das verträgt das wärme-
liebende Tier nicht und krepiert. Im Freien kann es sich
nicht vermehren, dort geht es ein. Für die Landwirte heißt
es: Das Getreide umschaufeln, immer wieder umschaufeln. Ich habe diese Körner hier absichtlich einige Zeit
liegen lassen. Man nimmt an, dass der sonderbare Geselle
aus dem Orient eingeschleppt wurde. Aber nun rasch eine
Etage höher, wir haben noch viel zu sehen.«

Die drei stiegen wieder in den Fahrstuhl ein. Die nächste Station war die Mitte des Küchenschranks. Beiderseits der riesengroß wirkenden Halle befanden sich Schubfächer, die von den Winzlingen leider nicht geöffnet werden konnten. Der Doktor wollte das auch nicht, sondern führte sie zu dem Brotkasten. Neben diesem befand sich wieder eine Untertasse mit einem Stück harten Brotes darauf.

Dieter sah die riesigen Löcher im Brot und wollte Traute in eines hineinschubsen. Aber Traute schrie erregt auf, denn ein rötlichbrauner, walzenförmiger Käfer kroch aus dem Loch heraus. Das Tier war etwas kleiner als die drei Winzlinge. Was krabbelte denn hier nun schon wieder herum? Käfer, Käfer, nichts als Käfer!

Der Doktor lachte: »Ich kann euch noch weitere Käfer in diesem bewusst ungepflegten Teil meines Küchenschrankes zeigen. Das hier ist ein Brotkäfer. Seine Made frisst sich Gänge im alten Brot, und auch der erwachsene Käfer nascht von Brot, Mehl, Graupen, Gries, Nudeln oder Suppenwürfeln, geht aber auch an Kaffee, Tee, Schokolade, Tabak und ist einer der schlimmsten Vorratsschädlinge.«

Die Kinder gingen zaghaft um die Brotscheibe herum, und jetzt schrie auch Dieter erschreckt auf. Vor ihnen lag eine braune, eklig aussehende und mit Stacheln besetzte Raupe. »Was ist denn das für ein grässliches Viech, Doktor?«

»Das ist keine Raupe, sondern eine Käferlarve, und zwar die Larve des *Speckkäfers*. Das ist vielleicht ein Räuber, kann ich euch sagen! Aber was ist denn da los? Die Larve bewegt sich ja so eigenartig.«

Die drei blickten gespannt auf die Larve, die sich selbst von innen entzwei riss. Gleich darauf zwängte sich ein Käfer aus der Larvenhülle heraus. Der neugeborene Käfer war von dunkler Farbe, hatte aber ein breites, braunes Querband, das mit schwarzen Punkten versehen war.

Der Doktor rief: »Aha, das ist die Lösung des Rätsels. Ein frischer Speckkäfer kommt gerade auf die Welt. Die Larve, die wir hier gesehen haben, war gar keine Larve mehr. Sie hatte sich schon verpuppt, und zur Verpuppung benutzt der Speckkäfer oft seine raupige Larvenhaut. Ich sage euch, so ein Speckkäfer ist ein Allesfresser. Ich kenne nichts, was der Speckkäfer nicht fressen würde. Er liebt fetthaltige Nahrungsmittel, aber auch trockenes Zeug, wie soeben diesen alten Brotrest. Sogar über Polster und Wollstoffe macht er sich her, dieser Fresssack. In Teppiche nagt er oft fingerdicke Löcher, und in meiner Insektensammlung hat er auch schon Schaden angerichtet. Er verschmäht nichts, er knabbert an Mumien herum und benagt sogar heilige Hostien. Man will sogar schon beobachtet haben, dass er junge Tauben im Nest annagte.«

»Da – sieh mal Doktor – da ist wieder so ein Fresser! Kennst du auch dieses Biest?«, fragte Dieter.

»Natürlich! Der Käfer-Zoo in meinem Küchenschrank ist umfangreicher als ich vermutet hatte. Das da ist der *Kräuterdieb*, den man auch nur als *Dieb* bezeichnet. Seht nur die langen, dünnen Fühler, damit spürt er alle Nahrungsmittel auf. Auch dieser Käfer ist ein Allesfresser, genau wie seine Larve. Schaut nur, wie langsam er ist, man kann fast sagen, faul und gefräßig. Der *Dieb* gilt als Faultier unter den Insekten. Man kann ihn sehr gut einfangen, wenn man feuchte Lappen auslegt. Darin sammeln sich die Tiere und lassen sich nun problemlos töten.

Nun aber weiter! Ich habe jetzt genug von all diesen Käfern. Ab, zum Fahrstuhl! An der fünften Station – wo das weiße Kaffeeservice steht – da steigen wir aus.«

Inzwischen war es dunkel geworden. Die mitgeführten Laternen verbreiteten nur einen schwachen Lichtschimmer. Der Doktor stieg zuerst ein, dann Traute und zuletzt Dieter, dann fuhr der Fahrstuhl langsam aufwärts. Jetzt blickte Dieter in die vierte Station hinein. Riesige Teller waren darin zu einem Berg aufgetürmt. Ein Teeservice sowie Zucker- und Marmeladendosen wirkten wie eine alpine Landschaft. Die Butterschale sah wie ein zugefrorener See aus. Dieter konnte sich nicht satt sehen, als ihn ein gellender Schrei aufschreckte. Was war denn mit Traute los? Auch sie wollte sich alles anschauen, dabei beugte sie sich zu weit aus dem Fenster, verlor das Gleichgewicht, stürzte und hielt sich noch im letzten Moment mit beiden Händen am Rand des Fahrstuhls fest.

Gewehr und Laterne ließ sie dabei fallen, die ganz unten auf dem Fußboden zerschellten. Dieter zog kurz entschlossen die Zwirnleine und der Fahrstuhl stoppte. Damit war aber Traute noch nicht gerettet. Sie baumelte außen an der Kabine, konnte nicht wieder hineinklettern und schwebte so zwischen Küchendecke und Fußboden.

»Traute, um alles in der Welt, halte dich fest!« Daraufhin kletterte Dieter mutig aus dem anderen Fenster. Wenn Traute nur bei Kräften blieb, wenn sie nur nicht loslassen würde! Immer näher kam der außen am Fahrstuhl kletternde Dieter seiner Schwester. Seine Kräfte ließen zwar allmählich nach, aber sie reichten gerade noch, um Traute unter gewaltiger Anstrengung wieder durch das Fenster in die Fahrstuhlkabine zu befördern. Mit letzter Kraft gelang es ihm, auch selbst wieder in die Kabine zu gelangen.

Der Doktor atmete erleichtert auf. Aber er ersparte sich Vorwürfe und setzte den Fahrstuhl wieder schweigend in Bewegung. Traute war durch dieses Vorkommnis hinreichend bestraft worden. Im fünften Stockwerk mit dem weißen Kaffeeservice stiegen sie alle aus. Dann liefen sie zwischen den riesigen Kaffeetassen herum. Vor einer Schüssel – die mit matschigen Pflaumen gefüllt war – blieb der Doktor stehen. Er zeigte auf die Maden, die in dem gärenden Matsch herumkrabbelten.

»Das sind die Larven der *Essigfliege*. Man nennt sie auch *Taufliege*, und die Wissenschaft verlieh ihr den lateinischen Namen *Drosophila*, das heißt soviel wie *Tau-Freundin*, denn sie fliegt überwiegend morgens und abends aus, also zu Zeiten, in denen sich häufig Tau niederschlägt. Aber aus dem Tau selbst macht sie sich gar nichts. Jedoch bereits in

Gärung übergegangenes Obst, oder die Flüssigkeit von Essiggurken, das sind echte Leckerbissen für sie. Darin legt sie ihre Eier ab und schon nach wenigen Stunden krauchen bereits die Larven heraus. Nach etwa fünf bis zehn Tage verpuppen die sich, und das fertige Insekt lebt dann etwa 2 ½ bis 3 ½ Monate.

Übrigens wird die Taufliege in wissenschaftlichen Labors massenweise gezüchtet. Die Wissenschaftler erforschen an ihr nämlich die Erbgesetze, die dann auf Menschen, Tiere und Pflanze angewandt werden. Näheres dazu kann ich euch hier nicht erklären, das würde zu weit führen. Jedenfalls ist die kleine Taufliege – die etwas kleiner als unsere Stubenfliege ist – zum Haustier der Erbforscher geworden. Es gibt Zoologen, die sich in ihrem ganzen Leben mit nichts weiter als mit Taufliegen beschäftigen. Einer meiner besten Freunde ist so ein Taufliegen-Fanatiker. Aber der Zoologische Garten meines Küchenschranks hält noch so manches für uns bereit. Also nichts wie rein in den Paternoster und im sechsten Stock wieder raus!«

Diesmal verlief alles glatt. Nur Trautes Gewehr und ihre Laterne waren für immer verloren. Im Küchenschrank des Doktors herrschte ein ziemliches Chaos. Zwischen verschiedenen Gläsern und Kristallgebirgen stand ein Teller mit einem gewaltigen Käseberg. Dieter fragte humorvoll, wie denn die Löcher in diesen Käse kämen. »Die schießt der Schützenverein rein«, gab Traute laut lachend zur Antwort. Aber der Doktor hatte jetzt keinen Sinn für solche Späße, denn die Zeit drängte. Er untersuchte den großen Käseberg von allen Seiten und hatte schließlich das entdeckt, wonach er gesucht hatte, nämlich ein graublaues Pulver. Darin krabbelten kleine, schauderhaft aussehende Tiere mit acht Beinen, Stacheln und Borsten. Daneben lagen Kotballen und leere Häute herum – offenbar hatten die Tiere sich gehäutet.

Der Doktor hatte wieder eine Erklärung dafür:

»Auch diesmal ist es kein Käfer, sondern eine Milbe, nämlich die *Käsemilbe*, eine nahe Verwandte der Spinnen. Käsemilben werden nur einen halben Millimeter lang und ernähren sich besonders gern von hartem Käse, den sie nach und nach durch ihr Fressen zu Pulver umwandeln. Für ausgesprochene Gourmets wird der Hartkäse mit Käsemilben geimpft, wodurch dieser angeblich ein schmackhafteres Aroma erreichen soll. Das ist allerdings reine Geschmackssache und jeder muss nach seiner Fasson selig werden. Nun aber abwärts, es ist höchste Zeit. Jeden Augenblick kann das Kribbeln beginnen, dann wachsen wir wieder. Wehe, wenn wir dann noch im Küchenschrank sind.«

Die drei fuhren durch das Dunkel abwärts und kamen erleichtert wieder unten an. Kaum waren sie ausgestiegen, wuchsen sie wieder zu ihrer normalen Größe heran.

»Nun aber rasch nach Hause, liebe Kinder, sonst bekommt ihr noch Ausgehverbot und mit weiteren Abenteuern wäre es dann wohl vorbei.«

Diesmal begleitete der Doktor seine kleinen Freunde bis zur Tür ihres Elternhauses, um dann vor sich hin grübelnd zurückzukehren. Er musste dauernd an Trautes Unfall denken; wie leicht hätte das schiefgehen können. Jetzt machte er sich große Vorwürfe und beschloss, den Fahrstuhl nie wieder mit den Kindern zu benutzen. Aber er hatte bereits eine bessere Idee ...

5

AUF ROLLTREPPEN IN DER SPEISEKAMMER

Wir dürfen uns nicht wieder so lange mit der Vorrede aufhalten«, erklärte Doktor Kleinermacher den Kindern bei ihrer nächsten Zusammenkunft, »wir haben diesmal viel vor, die Dunkelheit bricht gleich herein, also schnell hinein ins nächste Abenteuer!«

»Wo soll es denn diesmal hingehen?«, fragte Dieter.

»In die Speisekammer!«, antwortete der Doktor.

»Aber nicht wieder mit deinem blöden Fahrstuhl«, fuhr Traute dazwischen, »der ist wirklich lebensgefährlich.«

»Richtig, Traute«, sagte der Doktor, »ich habe mir bereits Vorwürfe gemacht, so etwas hergestellt zu haben. Inzwischen habe ich was ganz anderes entwickelt. Schaut doch mal meine Rolltreppe an!« Dabei öffnete der Doktor die Tür zur Speisekammer, und die Kinder bewunderten die vielen kleinen Treppenstufen, die von der Erde bis zu den einzelnen Regalfächern hochführten. Bevor er aber die Anlage in Betrieb setzte, führte er ein Streichholz am Eingang zur ersten Treppenstufe entlang. Erst dann sollte sich der Mechanismus in Gang setzen, wenn ein infraroter Lichtstrahl unterbrochen wurde, also ein Zwerg die Rolltreppe betrat. Und die Partie eines Zwerges musste jetzt das Streichholz übernehmen. Nach einer kurzen Zeitspanne, die dafür ausreichte, um die jeweils unterste Stufe bis zum oberen Absatz zu befördern, stand die Rolltreppe wieder still. Der Doktor erklärte: : »Die Treppe darf nicht ständig rollen, sonst würde das Uhrwerk vorzeitig stehen bleiben.«

Der Doktor hatte wirklich großartige Ideen. Immer wieder erfand er etwas Neues und überraschte die Kinder damit. Er war halt ein echter Tausendkünstler. Traute und Dieter waren begeistert.

»Jetzt aber los«, sagte Dieter, »ich bin gerade in der rechten Stimmung. Also nichts wie hinein in das nächste Abenteuer!«

Der Doktor machte alles betriebsfertig. Er legte drei kleine Gewehre auf den Fußboden und stellte drei noch kleinere Laternen daneben. Dann nahm er die Wunderwasserflasche aus dem Regal und schüttete die erforderliche Menge Flüssigkeit in die daneben bereitstehenden Messbecher. Dabei er kniff die Augen zu, denn er war etwas kurzsichtig. »Heute wollen wir uns bis zur Größe eines Streichholzes verkleinern«, erklärte er dabei. Daraufhin trank jeder seinen Becher aus und es konnte losgehen.

Aber war denn d a s ? Der Doktor und Traute schrumpften, auch Dieter, der aber wurde immer kleiner; sein Kleinerwerden fand gar kein Ende. Schließlich wurde er so klein, dass ihm die beiden anderen wie Riesen erschienen. Traute und der Doktor konnten sich nach dem ersten Schreck nicht mehr halten und lachten laut auf. Dieter aber stand wie verloren neben ihnen und schrie:

»Wieso bin ich denn als Einziger so winzig geworden? Ich habe doch genau wie ihr vom Wunderwasser getrunken, das im Messbecher genau bis zur Strichmarke 6 ging.«

»Um Gottes Willen, da muss mir aber ein Irrtum unterlaufen sein«, sagte der Doktor und schüttelte den

Kopf. »Es war halt ziemlich finster, und ich war mir sicher, alle Becher bis zur Strichmarke 3 gefüllt zu haben. Tut mir leid, Dieter! Na ja, nun bist du nur noch halb so groß wie Traute und ich.«

»So was Blödes! Jetzt müssen wir zunächst wieder normalgroß werden und dann erst kann es richtig losgehen. Denn so klein – wie ich jetzt bin – kann ich weder das Gewehr noch die Laterne tragen, die sind ja viel zu schwer für mich, und auf der Rolltreppe rutsche ich womöglich durch die Spalten hindurch. Warum lacht ihr denn dauernd, mir ist jedenfalls nicht zum Lachen zumute.«

Traute wurde jetzt ernst. »Du Ärmster, dass dir das passieren musste. Aber beruhige dich, du kannst ruhig eine Weile so klein bleiben, denn ich nehme dich mit.« Dabei hob Traute den Dieter hoch und steckte ihn in ihre Brusttasche. Dieter schaute mit dem Kopf raus und sah sich verwundert um. Der Doktor ergriff auch Dieters Gewehr und seine Laterne und sagte: »Das ist gar nicht so übel. Der Dieter kann jetzt bestimmt genauso viel sehen, wie wir. Warum sollten wir also unsere Aktion abbrechen?«

Dieter protestierte zunächst, aber er wurde überstimmt und konnte gegen die doppelt so großen Zwerge nichts ausrichten.

Die drei gingen jetzt zur Rolltreppe, Dieter in Trautes Brusttasche. Kaum hatten sie die Rolltreppe betreten, als sich diese auch schon in Bewegung setzte. Die elektronische Steuerung funktionierte also. Langsam ging es aufwärts. Dieter hatte sich inzwischen beruhigt und schaute aus Trautes Brusttasche raus, wie von einem

Balkon. Er fand es gar nicht so übel, jetzt von seiner Schwester herumgetragen zu werden.

Höher und höher ging die Fahrt ins Dunkle. Nur schwach wurden die Stufen durch die Laternen der Zwerge beleuchtet. Der Doktor stand vorne – zwei Gewehre unter den Arm geklemmt – und drei Stufen hinter ihm folgte Traute mit dem aus ihrer Tasche lugenden Dieter. »Bitte, links stehenbleiben und rechts überholen lassen«, rief Traute übermutig dem Doktor zu, der ihr daraufhin lächelnd zuwinkte.

Bald war das erste Brett der Speisekammer erreicht und die beiden großen Zwerge verließen nacheinander die weiter nach oben rollende Stufe. Zwischen riesigen Töpfen aus Aluminium, Ton und Glas gingen die beiden umher. Dann sagte der Doktor:

»Zunächst will ich euch einen Käfer zeigen, den *Obstfreund*. Er nascht gern an Dörrobst, besonders an getrockneten Feigen.«

Bevor sie weitergingen, schimpfte Traute mit dem sich in ihrer Tasche herumwälzenden Dieter:

»Zapple nicht ständig so herum, du alter Zappel-philipp. Wenn du keine Ruhe gibst, dann setze ich dich irgendwo ab.« Dieter antwortete darauf, aber seine Stimme war so leise, dass Traute nicht hören konnte, was er sagte. Da zog er sich in die Tasche zurück und schwieg.

Inzwischen waren die beiden großen Zwerge auch bei der Obstschale angekommen, die mit getrockneten Feigen gefüllt war. Der Doktor hatte daran eine kleine Leiter gelehnt, die die beiden hinaufgestiegen. Aber soviel sie auch herumleuchteten, der *Obstfreund* ließ sich nicht blicken. Der Doktor war enttäuscht. »Das fängt ja gut an«, schimpfte er. »Dieses Biest hat sich anscheinend versteckt. Wenn das so weitergeht, dann werden wir wohl keine Tiere in meiner Speisekammer vorfinden. Aber wir wollen uns hier nicht weiter aufhalten. Dort drüben habe ich nämlich etwas Korn ausgeschüttet.«

Die beiden gingen auf den Kornhaufen zu. Als Traute um ihn herumging, sah sie im Schein ihrer Laterne ein Gespinst, das sich um einige Getreidekörner gewickelt hatte und sagte: »Das hier stammt gewiss von einer Spinne. Gibt es denn so-etwas wie eine Kornspinne, Doktor?«

Der aber gab keine Antwort, sondern zerstörte mit dem Gewehrlauf das Gespinst, wobei er auf einen Wurm stieß, der gerade ein Korn angebohrt hatte und von dessen Inhalt fraß. Der Wurm hatte eine gelbliche Farbe, sein Kopf und sein Nacken aber waren dunkler. Zwischen den Körnern lagen mehrere Kotballen, die widerlich stanken.

»Dieser Wurm spinnt sich wohl nur deshalb ein, um ungestört fressen zu könen. Was ist denn das für ein Viech, Doktor?«, wollte Traute wissen.

»Das ist weder ein Wurm, noch eine Spinne, sondern eine Schmetterlingsraupe.«

»Wie bitte? Eine Raupe?«

»Jawohl, eine Schmetterlingsraupe. Man bezeichnet sie auch als *Weißen Kornwurm*; der aus dieser Raupe entstehende Falter ist mit der Kleidermotte verwandt. Am Korn frisst sich die Raupe satt, bevor sie sich verpuppt. Manchmal verbleibt sie in einem ausgefressenen Korn und verpuppt sich darin. Nach einiger Zeit kommt dann der Schmetterling heraus. Der hat weißliche bis dunkelgraue Vorderflügel mit dunklen Markierungen. Die Hinterflügel sind etwas kleiner. Die Müller schimpfen zu Recht auf den *Weißen Kornwurm*, denn er verleiht den Getreidekörnern einen üblen Geruch. Aber wie kann dieser Raupe bekämpft werden? Ein römischer Naturforscher namens *Plinius* meinte, man solle eine Kröte fangen und in der Speisekammer aufhängen. Das ist natürlich Quatsch. Aber wenn man das Getreide öfters umschaufelt und dadurch lüftet, dann verschwindet der Kornwurm von allein, denn frische Luft verträgt er nicht.«

Dieter meldete sich mit seiner mickrigen Stimme aus der Tasche: »Weißt du noch, Traute, dass wir Schmetterlinge immer als *Splittermännchen* bezeichneten?«

Aber Traute wollte Dieter ein wenig ärgern, denn sie war ja jetzt erheblich größer als er, und sagte: »Sei still, Dieter, sonst stopfe ich dich so tief in die Tasche, dass du überhaupt nichts mehr mitbekommst.«

Dieter zeigte sich nun tief gekränkt und schwieg wieder.

Auf ihrem Weg über das Speisekammerbrett kamen sie auch an einem Stück abgerissener Tapete vorbei. Beim Doktor stieß man allerorts auf Unordnung. Man merkte gleich, dass keine Frau im Hause war, die auf Sauberkeit und Ordnung achtete. Traute wollte um den Tapetefetzen herumgehen, da entdeckte sie darunter seltsame Lebewesen, die schlängelnd hin und her krochen. Deren Körper war spindelförmig, die Farbe silbern. Sie hatten sechs Beine, zwei lange Fühler, aber drei noch längere Schwänze am Hinterteil. Waren das ebenfalls Insekten? Der Doktor erklärte:

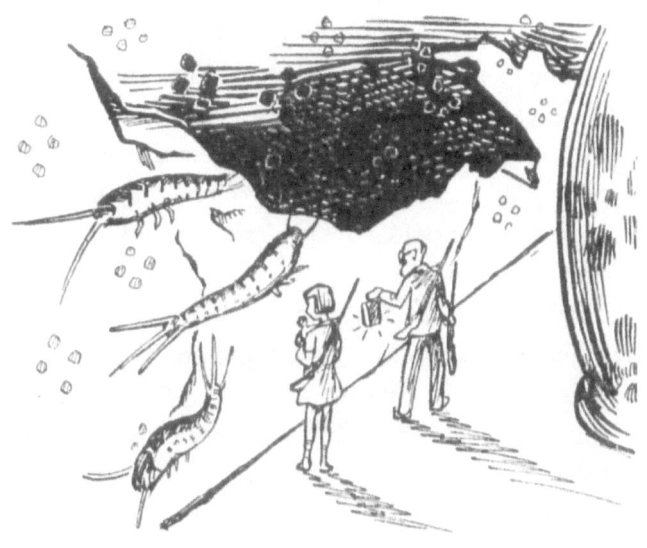

»Das sind *Silberfischchen*. Man bezeichnet das Einzeltier auch als *Zuckergast*. Diese Tiere sind sehr lichtscheu. Darum liefen sie auch so schnell davon, als wir sie mit unseren Laternen anleuchteten. Angeblich lieben sie Süßigkeiten, ihre Lieblingsspeise sind aber stärkehaltige Nahrungsmittel. Darüber stürzen sich Silberfischchen mit Begeisterung. Auch hinter Tapeten sind sie zu finden, dort nagen sie den Kleister ab. Aber sie sind völlig ungefährlich, an allem nippen sie nur ein wenig. Du hast schon recht, Traute, es sind tatsächlich Insekten, und noch dazu sehr eigenartige. Wie du ja weißt, kennt man von Insekten normalerweise drei Lebensphasen: Aus dem Ei entsteht die Larve, die Larve wird zur Puppe, und aus der Puppe kommt das fertige Tier heraus. Bei den Silberfischchen verhält sich das anders, sie kommen gleich als solche auf die Welt. Die meisten Insekten haben Flügel. Selbst flügellose Insekten hatten vor Urzeiten einmal Flügel, die im Laufe der Zeit verkümmerten. Die Silberfischchen dagegen haben nie Flügel gehabt. Man zählt sie zu den Ur-Insekten. Alles verstanden, Traute?«

Traute sagte dazu nichts, aber Dieter in ihrer Tasche hatte alles gut verstanden. Er wollte sich bemerkbar machen und strampelte derart mit den Beinen, dass Traute laut »Aua!« schrie.

»Was hast du denn?«, fragte der Doktor.

»Der Dieter strampelt so arg in meiner Tasche herum, dass es mir direkt weh tut.«

»So ein Schlingel. Haue ihm halt eine runter, damit er Ruhe gibt.«

»Das kann ich nicht, Doktor, ich befürchte, ich könnte ihn dabei zerdrücken, er ist ja so klein.«

»Das hätte ich dir, Traute, auch gar nicht zugetraut. Ich sagte das nur, weil ich weiß, dass du dich an einem Schwächeren niemals vergreifst.«

Laufend musste Dieter solche Frozzeleien über sich ergehen lassen.

Die drei waren inzwischen bei einer riesigen, nicht abgedeckten Schüssel angelangt. Auch daran lehnte eine Leiter. Beide kletterten hinauf und sahen hinab auf eine weiße, wellige Fläche, die wie ein halb zugefrorener See aussah. Das war aber glatt und fest gewordenes Schweine-schmalz.

»Doktor, was gibt's denn hier zu sehen?«

»Ich wollte euch noch eine andere Schmetterlingsraupe

vorstellen.«

»Eine Schmetterlingsraupe? Hier? Ich weiß zwar, dass man in England den Schmetterling als Butterfliege, also als *Butterfly*, bezeichnet. Aber von einer *Schmalzfliege* habe ich noch nie was gehört«, sagte Traute.

»Pst, pst! Da krabbelt was!« Dieter hatte es zuerst entdeckt. Eine borstige, bräunlich glänzende Raupe kroch über das Schmalz hinweg. Der Doktor wusste natürlich Bescheid:

»Das ist die Raupe des *Fettzünders*, man sagt auch *Fettschabe* oder *Schmalzzünder* dazu. Diese Raupe nascht an Butter, Schmalz oder auch Speck. Dies bekommt ihr so gut, dass sie davon dick und fett wird. Hier in der Speisekammer verpuppt sie sich, bis aus ihr ein Schmetterling wird. Der hat rotgraue, seidenglänzende Flügel. Die Hinterflügel tragen Fransen. Der Rüssel fehlt ihm ganz, denn er hat nur die Hochzeit im Sinn, zum Fressen hat er keine Lust. Schmalz und Butter sind vor ihm sicher. Aber als Raupe frisst er umso mehr davon.«

Käfer und Würmer hatte Traute erwartet, aber Schmetterlinge in der Speisekammer? Das konnte sie sich nicht vorstellen. Kopfschüttelnd stieg sie die Leiter wieder hinunter.

»Hast hast du gesehen, Dieter, wie fett die Raupe war? Hättest du am Schmalznapf eine Schmetterlingsraupe erwartet?«

Aber auch Dieter war erstaunt und erklärte, dass er sich über gar nichts mehr wundern würde. Im übrigen gäbe es bei ihnen zuhause gar keine Schmalztöpfe.

Jetzt nahm der Doktor Traute an der Hand und geleitete sie bis ans Ende des Brettes, wo sich eine weitere

Rolltreppe befand, die sich gleich in Bewegung setzte, als die beiden sie betraten. Langsam ging es hinauf zum zweiten Regalboden. Oben angekommen, fand der Doktor trotz der Finsternis zu der dort bereitgestellten Porzellanschale, in der eine durchsichtige Flüssigkeit schwappte. Traute und Dieter kannten natürlich den Geruch: Es war Essig. Gibt es etwa auch Essig-Schmetterlinge?, dachten beide, denn hier mussten sie sich auf alles gefasst machen. Wissbegierig beugte sich Traute über den Rand der Schale.

»Was schwimmt denn da drin herum? Die Viecher sehen wie Aale aus und tummeln sich in dieser sauren Flüssigkeit herum. Das ist ja das reinste Essig-Aquarium! Ernähren sich denn diese armen Tierchen vom Essig? Wenn das so ist, dann sage ich nur *besten Dank*!«

»Das sind *Essigälchen*, liebe Traute. Die sehen zwar wie Aale aus, sind aber Fadenwürmer. Und von dem Essig ernähren sie sich nicht, sie fühlen sich darin allerdings recht wohl. Denn im Essig befinden sich mikroskopisch kleine Pilze, von denen sie sich ernähren. Es gab mal eine Zeit, da lebten Massen von Älchen im Essig, weshalb man davon absah, für die Zubereitung von Salaten Essig zu verwenden. Früher wurde nämlich wesentlich mehr Weinessig hergestellt als heute, also ein guter Nährboden für diese Pilze. In dem heutigen industriellen Essig findet man keine Älchen mehr. Dafür siedeln sie sich gern in Bierfilzen an, sofern der Gastwirt die Biergläser nicht richtig ausspült und gebrauchte Bierfilze nochmals verwendet, anstatt sie wegzuwerfen.«

Daraufhin sagte Traute: »Was ist, wenn man Essig-älchen in den Magen bekommt, macht das nichts?«

»Nein, die werden sofort von den Magensäften abgetötet«, erklärte der Doktor. »Die Essigfabrikanten waren früher sogar der Meinung, dass erst Essigälchen dem Essig den richtigen Geschmack verliehen. Pass auf, Traute, beuge dich nicht so weit über das Becken, sonst rutscht dir der Dieter aus der Tasche und plumpst in den Essig rein!« Aber Dieter hielt sich gut fest.

»Nun werde ich euch noch die *Springenden Würmer* zeigen. Die können vielleicht hoch springen, da kommen wir Menschen nicht mit!«

Plötzlich schrie Traute: »Wohin führst du uns denn, Doktor, müssen wir den unbedingt an dem Käse vorbei gehen? Der stinkt ja entsetzlich!«

»Wir gehen nicht daran vorbei, nein, wir bleiben sogar davor stehen, denn der Käse ist unser nächstes Ziel.« Und tatsächlich ging der Doktor geradewegs zu dem auf einem

Teller liegenden Käse und sagte grinsend: »So, hier werdet ihr die *Springenden Würmer* sehen.«

Traute hatte sich zögernd dem Käseteller genähert. Sie und der in ihrer Tasche steckende Dieter hielten sich die Nasen zu. Der weiche Käse hier roch viel schlimmer als der Hartkäse kürzlich im Küchenschrank. Traute wollte zunächst weitergehen, blieb dann aber doch voller Neugier stehen. Sie sah unzählige weiße Maden im Käse herumkriechen. Ab und zu richtete sich eine Made auf, hob den Kopf, schlängelte ihren Körper im Kreise herum, und auf einmal sprang sie bis an den Tellerrand. Dasselbe machte eine nach der anderen.

»Die können aber springen!«, wunderte sich Traute. »Dieser Käse stinkt zwar abscheulich und sieht eklig aus, aber diese Maden sind ulkige Viecher.«

»Ja, es handelt sich hierbei um die berüchtigten Käsemaden«, führte der Doktor aus. »Daraus entstehen die sogenannten *Käsefliegen*. Die erwachsenen Fliegen sind schwarz und haben ziegelrote Augen. Die jüngsten Larven kriechen nur herum, die älteren aber bewegen sich ausschließlich springend, und zwar immer zum Dunkeln hin. Man zählte bei einer erwachsenen Made in zehn Minuten 47 Sprünge, der weiteste war 23, der höchste 20 Zentimeter. Da die erwachsene Larve sieben Millimeter lang ist, machen diese Höchstleistungen das 30fache bis 33fache der eigenen Länge aus! Wollten wir Menschen mit ähnlichen Werten aufwarten, müssten wir 56 Meter weit und 50 Meter hoch springen! Und die Gesamtstrecke, die die Made in diesen zehn Minuten zurücklegte, betrug einen Meter, das ist das 1400fache ihrer Körperlänge. Ein Mensch legt in derselben Zeit nur das 580fache seiner

Länge zurück. Wollte er es der Käsemade gleich tun, müsste er zweieinhalb Kilometer in zehn Minuten schaffen. Auch an Speck, Schinken und Wurst sind Käsemaden häufige Gäste: Aus einem handgroßen Stück fetten Schinkens wurden einmal 3.153 Käsemaden herausgeholt! Und in den USA, dem Lande, in dem die Schädlingsbekämpfung besonders weit entwickelt ist, wird der jährliche Schaden durch Käsefliegen auf zig Millionen Dollar geschätzt. Käsemaden können sich auch in Salz, in Kot und in toten Tieren, ja sogar im Körper lebender Menschen entwickeln. Gelangen sie zusammen mit Käse oder geräuchertem Fleisch in den Magen oder Darm von Menschen, so kann das unangenehme Folgen haben. Käsemaden gehören nämlich zu den wenigen Tierarten, die darin nicht abgetötet werden, sondern mit ihren scharfen Mundhaken die Darmwände verletzen und Blutungen und Vereiterungen hervorrufen können.«

»Pfui, diese ekligen Käsefliegen. Man sollte also Käse niemals offen sondern nur zugedeckt stehen lassen, nicht wahr?«, meinte Traute.

»Ja, ganz recht, nur hätte ich hier den Käse zugedeckt hingestellt, hättet ihr die Käsemaden nicht kennengelernt.«.

»Was ist denn das, Doktor? Das sind doch die Käsemilben aus dem Küchenschrank. Du erklärtest uns doch neulich, die Käsemilben gingen nur an den Hartkäse ran. Nun befinden sie sich auch am Weichkäse.«

»Nein, das sind keine Käsemilben, das sind Mehlmilben.«

»Aber Doktor, im Käse können sich doch keine Mehlmilben befinden.«

»Gewiss, betrachtet euch diese Milben genauer. Erstens haben sie eine breitere Form, und zweitens auch weniger Stacheln. Ja, die Mehlmilben sind ebenfalls Allesfresser. Im feuchten Mehl und Getreide, sowie in Käse, Gries, Graupen, Haferflocken, Tee und Tabak schmarotzen sie. Mit Mehlmilben verseuchte Nahrungsmittel können zu Erkrankungen von Nutztieren wie Pferden, Schweinen und Rindern führen. Sie können sich sogar auf der menschlichen Haut ansiedeln und Ausschläge wie auch Entzündungen hervorrufen. Dieter, du sagt ja gar nichts mehr?«

»Ich staune nur, und wenn ich etwas sage, dann drückt mich die Traute so sehr, dass ich Angst um mein Leben habe. In diesem Zustand muss ich mich halt in Zurückhaltung üben.«

»Brav so, Dieter«, lachte der Doktor, »endlich haben wir dich mal klein gekriegt.«

Wieder gingen die beiden der Rolltreppe zu. Sie wollten wieder nach unten. Schon standen sie auf der ersten Stufe, da schlug sich der Doktor vor den Kopf:

»Kinder was bin ich doch für ein Dummkopf, da habe ich die Rolltreppe konstruiert und war so stolz auf meine Erfindung. Und was muss ich nun feststellen? Hinauf geht die Rolltreppe zwar, aber nicht wieder hinunter. Was für eine Nachlässigkeit! Wir müssen die Rolltreppe also Stufe um Stufe runtergehen.«

Langsam und vorsichtig stiegen sie die stillstehende Rolltreppe hinab. Aber als sie die letzte Stufe passierten, da kamen sie an der elektronischen Steuerung vorbei, worauf sich die Rolltreppe nach oben in Bewegung setzte.

Schnell sprangen der Doktor und Traute ab, um nicht wieder nach oben fahren zu müssen. Auf dem Regal entlang gelangten sie dann zur anderen Rolltreppe. Wieder mussten sie Stufe um Stufe hinabsteigen, und auch diesmal setzte sich unten die Treppe in Bewegung und sie mussten rasch abspringen. Doch schließlich waren alle drei unversehrt auf dem Fußboden der Speisekammer angelangt.

»Eigentlich hätten wir jetzt alles gesehen«, sagte der Doktor, »aber ich denke, wir haben noch viel Zeit bis zu unserem Größerwerden. Stelle deine Laterne ab, Traute, wir wollen noch ein bisschen plaudern. Eine schöne große Speisekammer habe ich, nicht wahr? Und was für Tiere sich darin befinden, unglaublich – oder? Aber was sehe ich denn dort? Wenn das kein Mauseloch ist! Tatsächlich, es ist eines!«

Der Doktor ging mit seiner Laterne voran und bald standen die beiden vor dem großen Loch in der Holzpaneele.

»Am liebsten würde ich da mal hineinschauen«, sagte der Doktor. »Nur was passiert, wenn die Maus kommt? Dann beißt sie vielleicht uns Zwerge tot und frisst uns auf. Dabei wird sie noch nicht einmal satt von uns beiden, vom Dieter ganz zu schweigen. Aber wozu haben wir denn Gewehre dabei? Ich frage dich, Traute, hast du Mut mit zukommen, oder soll ich es allein machen?«

»Nein, natürlich kommen Dieter und ich mit dir«, antwortete Traute.

Der Doktor band sich die Laterne vor den Bauch und hing sein und Dieters Gewehr über die Schulter. Der Traute befestigte er die Laterne auf ihrem Rücken. Dieter musste sich darauf setzen, was nur möglich war, weil die Laterne mit Kaltlicht betrieben wurde. So betraten denn die drei das Mauseloch. Der Doktor und Traute hielten die Gewehre ständig schussbereit.

Der Doktor leuchtete in das Loch hinein und sah vor sich einen Schuttberg, über den sie hinwegsteigen mussten. Der Weg führte unter der Holzdiele zwischen Schutt, Staub und Holzstückchen entlang. Immer wieder sanken die Zwerge bis zu den Knien ein, die Traute sogar bis an den Bauch, aber dann rappelten sie sich wieder auf. Bald war das Ende des Gangs erreicht und da war auch schon das Mausenest. Der Doktor hielt seine Lampe in die Höhe, und was sie jetzt sahen, war wirklich wunderbar: In einem Nest aus Papier, Federn, Holzspänen und Lappen lagen sechs kleine, neugeborene Mäuschen. Die Tiere waren bedeutend heller als erwachsene Mäuse, aber sie hatten noch kein Fell und ihre Augen waren noch geschlossen.

Eine ganze Weile betrachteten die drei schweigend diese Idylle, dann mussten die Kinder einen langen Vortrag des Doktors über sich ergehen lassen:

»Das ist gar keine Seltenheit, was wir hier zu sehen bekommen. Die Maus-Mutter wirft im Jahre fünf- bis sechsmal, und jeweils sind es vier bis acht Junge. Ist das nicht toll? Erst nach sieben oder acht Tagen erhalten die Mausekinder ihr Fellkleid, und nach dreizehnten Tagen öffnen sie erstmals ihre Augen. Schon bald verlassen sie Nest und Mutter und gehen selbständig auf Nahrungssuche. Das Nest muss schnell wieder freigemacht werden für erneuten Nachwuchs.

Was Mäuse so fressen, ist erstaunlich. Sie sind regelrechte Allesfresser. Es gibt so gut wie keine Lebensmittel, die nicht von Mäusen begehrt werden. Außerdem benagen sie auch Holz und jede Art von Papier, bereiten einem also recht viel Ärger. Dabei sind die kleinen Nager sehr putzsüchtig, ständig sind sie mit der Körperpflege beschäftigt. So widerwärtig Ratten sind, so niedlich sind Mäuse. Ich habe schon oft gehört, dass Leute eine Maus in einer Falle fingen und es dann nicht fertig brachten, das niedliche Tierchen zu töten. Es ist seltsam, dass sich meistens Frauen vor Mäusen fürchten. Aber wenn sie eine Maus in einem Käfig betrachten, dann verlieben sie sich in das Tier. Gefangene Mäuse sind leicht zu zähmen und erfreuen durch ihre Gutmütigkeit. Schon mancher Gefängnisinsasse hat mit einer selbstgezähmten Maus Freundschaft geschlossen.

Bestimmt habt ihr noch nie etwas von *Singmäusen* gehört. Es soll angeblich Mäuse geben, die singen können. Das ist wohl etwas übertrieben. Man hat diese Tiere näher untersucht und herausgefunden, dass sie schwerkrank sind. Sie sind nämlich von Haarwürmern oder von der Finne des Katzenbandwurms befallen. Dadurch verengt sich die Luftröhre und die Leber schwillt an. Was als Gesang bezeichnet wird, ist nichts anderes als ihr fiependes Schnappen nach Luft. Darum sind Singmäuse auch so zutraulich, weil infolge ihrer Erkrankung die Vorsicht gegenüber Feinden nachlässt. Es gibt unzählige Geschichten über Mäuse. Im Mittelalter glaubte man ernsthaft, dass Hexen Mäuse erzeugen können. Man hat als Hexen verschriene Frauen solange gefoltert, bis sie eingestanden, Mäuse geschaffen zu haben.

Aber auch die Wissenschaft beschäftigte sich mit

Mäusen. Die Ratten sind eingewandert, Mäuse jedoch sind schon seit ewigen Zeiten in unserer Region beheimatet.

Bemerkenswert ist auch ihr langer, dünner Schwanz. Man weiß inzwischen, dass sich Vögel und Säugetiere aus Reptilien – zu denen auch Dinosaurier gehören – entwickelt haben. So besitzen Vögel an ihren Füßen noch die charakteristischen Reptilienschuppen. Aber auch Mäuse und Ratten tragen Schuppen am Schwanz. Das ist der Beweis für die genetische Herkunft von Reptilien. Bei den meisten anderen Säugetieren hat das Haar die Schuppen verdrängt. Aber das führt jetzt zu weit. Wir müssen hier schnell hinaus, sonst wachsen wir im Mauseloch und stoßen uns die Köpfe an den Dielenbrettern.«

Der Doktor machte kehrt und Traute folgte ihm, auf dem Rücken die Laterne mit dem darauf sitzenden Dieter. Nach wenigen Minuten standen sie wieder auf dem Fußboden der Speisekammer und erwarteten das Größerwerden.

»Was sind denn das für Geräusche?« Der Doktor hielt seine Laterne hoch, und Traute machte ihr Gewehr schussfertig. Ganz oben, zwischen zwei sich gegenüber liegenden Regalbrettern, hatte der Doktor eine Leine gespannt, um daran seine Wäsche zum Trocknen aufzuhängen. Auf dem einen Brett lag ein Stück Speck. Eine Maus – für die Zwerge ein riesiges Ungetüm – hatte es entdeckt und versuchte gerade, an der Tapete zu diesem Leckerbissen hochzuklettern, aber vergeblich. Daraufhin kletterte sie hinab und über Zeitungsstapel auf das Regalbrett gegenüber. Vor der Wäscheleine blieb sie schnuppernd stehen. Die Maus wird doch wohl nicht...?

Und ob! Sie war eine erstklassige Seiltänzerin. Behutsam balancierend kam sie langsam auf der Leine voran, das Gleichgewicht durch Bewegungen ihres Schwanzes erhaltend. Ihre Nase war dabei schnuppernd dem Speck zugewandt.

Auf einmal hielt sie inne. Hatte sie die beiden Zwerge bemerkt? Jedenfalls verließ sie blitzschnell das Seil und kletterte hinab, um schnell im Mauseloch zu verschwinden. Davor aber standen die drei Zwerge. Was nun geschah, damit konnte sie nicht rechnen: Eine Spitzmaus war zuvor in die Speisekammer eingedrungen. Sie hatte die Hausmaus beobachtet, die ihr nun zu entkommen suchte.

»Spitzmäuse sind keine Mäuse« flüsterte der Doktor, »obwohl sie so ähnlich ausschauen. Sie sind Insektenfresser und mit dem Igel und dem Maulwurf verwandt. Sie haben ein spitzes Maul, sehen aber sonst wie Mäuse aus, sind allerdings etwas kleiner als diese. Aber was für ein Gebiss hat die Spitzmaus! Sie ist wirklich ein Raubtier. Sie frisst täglich so viel wie ihr eigenes Gewicht. Ein Glück, dass Spitzmäuse nicht so groß wie Löwen sind, sie würden alles Leben auf der Erde vernichten.«

Als die Spitzmaus die Hausmaus in der Speisekammer entdeckte, war ihre Fresslust erwacht. Sie sprang der armen Hausmaus in den Nacken – noch bevor diese das Mauseloch erreicht hatte – und biss so kräftig zu, dass ihr Opfer sofort tot war.

»Die Spitzmaus ist so gefräßig, dass sie nicht einmal einen Winterschlaf hält, dozierte der Doktor leise weiter. »In Häusern hält sie sich selten auf, sie ist überwiegend in der freien Natur anzutreffen. Sonst frisst das Raubtier nur

Schaben und Heimchen oder andere Insekten, eine Maus sättigt sie jedoch ganz anders, denn die ist ja größer als die Räuberin selbst. Übrigens nascht sie auch gern an Fleisch, Speck und Mehl. Nur bei Dunkelheit trifft man sie im Hause an, Helligkeit verträgt sie überhaupt nicht. Findet die Spitzmaus nicht genug Nahrung, dann fällt sie über andere Spitzmäuse her und frisst sogar die eigenen Kinder. Spitzmäuse sind also auch Kannibalen«, erläuterte der Doktor.

Laut schmatzte die Spitzmaus, als sie das Fleisch ihres Opfers fraß, was die drei Zwerge mit Schauder beobachteten. Da vernahmen sie ein Geräusch vom Fenster her. Es war nur leicht angelehnt und wurde jetzt von außen gewaltsam aufgestoßen. Die Spitzmaus hielt im Fressen inne und blickte nach oben. Eine große Katze schaute zum Fenster hinein. Jetzt war es für die Spitzmaus an der Zeit zu fliehen, denn mit einer Katze konnte sie einen Kampf nicht wagen. Doch dafür war es schon zu spät. Mit ausgestreckten Krallen sprang die Katze auf die Spitzmaus zu und biss sie tot. Aber vor dem Moschusgeruch, der von der Spitzmaus ausging, schien sie sich zu ekeln, denn sie ließ ihr Opfer unberührt liegen und schlich sich davon.

»Auch Hunde und der Marder beißen wohl Spitzmäuse tot, aber fressen, nein, das kommt für sie nicht infrage, denn dieses Tier stinkt fürchterlich. Nur Eulen und andere Raubvögel, sowie Störche und Kreuzottern, die fressen Spitzmäuse, weil sie deren übler Geruch nicht stört. In früheren Zeiten glaubte man, dass eine Katze – die eine Spitzmaus gefressen hatte – danach verrecken müsse, weil Spitzmäuse giftig seien. Aber das ist nichts als dummes Geschwätz.«

Nachdem die Katze von der Spitzmaus abgelassen hatte, sah sie sich nach einem anderen Opfer um. Vor dem Mauseloch entdeckte sie die beiden Zwerge. Traute schrie laut auf, als die Katze sich immer näher heranschlich. Kurz entschlossen krochen sie zurück in das Mauseloch. Aber die Katze blieb davor sitzen und wartete geduldig auf ihr Wiederkommen.

Doch zum Glück setzte jetzt das Größerwerden ein. Schon prickelte es in ihren Körpern und die drei Zwerge wuchsen immer weiter. Fast füllten ihre Körper schon den ganzen Gang im Mauseloch aus. Sie mussten sich ducken, aber ihre Lage wurde immer beengender und unerträglicher. Der Doktor wusste, dass sie schnell das Mauseloch verlassen mussten, um keinen Schaden zu nehmen, und krabbelte als Erster hinaus. Die Katze setzte bereits zum Sprung an, ließ aber davon gleich wieder ab. Denn was da aus dem Loch heraus kam wuchs immer weiter in die Höhe. Sie erschrak, denn so etwas hatte sie noch nie erlebt. Mit einem Satz sprang sie auf's Fensterbrett und von dort nach draußen.

Endlich hatten der Doktor und Traute wieder ihre normale Größe erreicht. Nur Dieter war noch so klein wie eine Puppe.

»Mach zu, Dieter, wir müssen nach Hause, es ist schon spät! Doch kaum hatte Traute diesen Satz beendet, war Dieter bereits größer als sie geworden und foppte: »Was willst du denn, he, du kleiner Knirps?«

Vergnügt gingen die Geschwister in Begleitung des Doktors nach Hause, der im Stillen beschloss, sein Speisekammerfenster umgehend mit einem engmaschigen Drahtgitter zu versehen, denn es sollte kein Tier mehr eindringen. Auch das Mauseloch wollte er mit Glasscherben und Zement verschließen.

6

BERGSTEIGER AM KÜCHENFENSTER

Wohin gehen wir denn heute?«, erkundigte sich Dieter, als er und seine Schwester nach zwei Wochen wieder bei Doktor Kleinermacher aufkreuzten. »Müssen wir wieder bis zum Abend warten, bis es endlich losgeht?« Der Doktor lachte und sagte: »Nur keine Bange, heute wollen wir bei Tageslicht wieder etwas ganz Abenteuerliches unternehmen. Diesmal geht es am Küchenfenster auf und ab.«

»Aber ich sehe weder einen Paternoster am Fenster, noch irgendwo anders eine Rolltreppe.«

»Ja, meine Lieben, die Sache mit dem Fahrstuhl war wirklich missglückt. So etwas mache ich nie wieder. Auch von der Rolltreppe war ich nicht gerade begeistert, denn die führt uns nur zu einem bestimmten Ziel. Ich möchte aber – ohne eine besondere technische Einrichtung – überall hingelangen. Wie machen es zum Beispiel die Fliegen, wenn sie die Wände hochkrabbeln?«

Dieter und Traute hörten aufmerksam zu.

»Ich habe mir nun die Verhaltensweise einiger Tierarten genauer betrachtet, zuletzt der Tintenfische. Man erhält aus dem Tierreich immer wieder wertvolle Anregungen. So haben die Tintenfische an ihren langen Armen viele kleine Saugnäpfe. Damit saugen sie sich fest und können sogar die Glaswand im Aquarium emporklettern. Solch kleine Saugnäpfe habe ich nun auch für unsere Füße angefertigt. Wenn wir sie umgeschnallt haben, können wir an der Hauswand emporklettern, wohin und soweit wir wollen. Allerdings hat die Sache noch einen Haken. Wenn wir die Saugnäpfe an unsere Füße schnallen und darauf drücken, dann entweicht die Luft durch ein Ventil. Dehnt sich dann der Saugnapf wieder aus, bleibt darin ein Vakuum und unsere Füße werden vom äußeren Luftdruck an die Wand gepresst. Drücken wir nun mit der großen Zehe auf das Ventil, so strömt die Luft wieder ein, der Saugnapf löst sich und wir können dieses Bein wieder lösen, während das andere noch festsitzt. Habt ihr das verstanden?«

»Ja«, bestätigte Dieter. Aber Traute nickte nur, weil sie noch nicht alles begriffen hatte.

»Wenn wir aber nun mit den Beinen an der Wand festsitzen, dann müssen wir aufpassen, dass der Oberkörper nicht nach hinten überkippt. Das ist sehr anstrengend und erfordert viel Muskelkraft. Das gefällt mir also gar nicht. Nur, wie könnten wir sicherer und bequemer die Wand hochklettern? Diese Frage stellt sich mir noch.«

Dieter und Traute dachten eine Weile nach. Dann tippte sich Dieter an seine Stirn:

»Ich hab's! Wir schnallen uns auch Saugnäpfe an die Hände, dann können wir in senkrechter Körperhaltung die Wand hinauf klettern.«

Der Doktor antwortete: Ja, schön und gut, aber man hat schließlich nur zwei Hände. Womit hält man dann sein Gewehr? Trotzdem finde ich deine Idee recht brauchbar. Aber nicht an die Hände schnallen wir zwei weitere Saugnäpfe, sondern an die Ellenbogen, dann haben wir die Hände frei. Einverstanden? Also geht jetzt nach Hause, morgen seid ihr wieder hier, dann habe ich noch sechs Saugnäpfe für die Ellenbogen hergestellt.«

Die Kinder hatten zwar keine Lust, wieder heim-zugehen, aber der Doktor bestand darauf, denn er wollte sich sofort an die Arbeit machen.

Am nächsten Tag waren Dieter und Traute wieder pünktlich zur Stelle.

»Doktor, sind die Saugnäpfe fertig?«

»Aber gewiss doch, jetzt kann's losgehen! Wir werden auch diesmal wieder so klein wie Streichhölzer.«

Der Doktor holte die Flasche mit dem Wunderwasser herbei, und füllte daraus besonders achtsam die drei Messbecher bis zur Strichmarke 3. Es sollte nie wieder passieren, dass einer von ihnen eine größere Menge Wunderwasser als die anderen schluckt. Dann legte er zwölf winzige Saugnäpfe und drei Miniatur-Gewehre auf den Boden. Nun konnte das Abenteuer beginnen.

Jeder trank seinen Becher aus, dann schrumpften sie bis zur Größe von Streichhölzern ein. Dann schnallten sie sich die Saugnäpfe an Füße und Ellenbogen und übten gleich die Kletterei an der Zimmerwand. Zuerst führte der Doktor den Kindern die einzelnen Handgriffe vor, denn er hatte bereits allein fleißig geübt. *Schschscht, schschscht, schschscht*, machten die Saugnäpfe und sicher kletterte er ein Stück die Wand hinauf. Das war lustig anzuschauen.

Nun musste Dieter sein Können zeigen. Das Klettern mit Saugnäpfen war schwierig und verlangte viel Konzen-tration. Manchmal zerrte er mit einem Fuß oder mit einem Arm, weil er vergessen hatte, auf das Ventil zu drücken. Es war gar nicht so einfach, an einer Wand hochzuklettern, aber schon bald hatte er alle Tricks heraus und bekam mehrfaches Lob vom Doktor.

Nun musste Traute ihre Geschicklichkeit unter Beweis stellen, was ihr nur schwer gelang. So drückte sie gleichzeitig auf alle vier Ventile. Dabei wäre sie beinahe abgestürzt, wenn der Doktor sie nicht – hinter ihr kletternd – aufgefangen hätte. Aber es half nichts, sie musste es nochmals versuchen. Doch schließlich beherrschte auch sie alle erforderlichen Kniffe.

Voran kletterte Dieter, in der Mitte Traute und zum Schluss der Doktor. Wenn eines der beiden Kinder schwindlig werden sollte, dann wollte es der Doktor auffangen. Aber so ein Malheur ereignete sich nicht, die Kletterei kam immer besser und flotter voran, und schließlich bediente Dieter seine Ventile genau so gut, wie der Doktor. *Schschscht, schschscht* ... so ging es an der Küchenwand bis zum Fensterbrett hinauf.

Dieter traf dort als Erster ein. Er entdeckte eine Tüte mit Backpflaumen und kraxelte an der Tüte empor, um von oben hineinzuschauen. »Ah, Backpflaumen, davon können wir nachher tüchtig futtern. Und welch schönen Zuckerguss haben sie an einigen Stellen! Der süßen Saft quillt den Pflaumen ja förmlich aus allen Poren.«

Traute und der Doktor kletterten ebenfalls auf die Tüte und schauten von oben in die süße Pracht hinein.

»Ist das wirklich echter Zuckerguss, Dieter?«, fragte der Doktor.

Dieter sah genauer hin, und da entdeckte er, dass sich der Zuckerguss irgendwie bewegte.

»Pfui Spinne«, rief er entsetzt, »das sind ja lauter ... na, wie heißen sie doch noch? Das sind ja hunderte von Milben! Wie gern hatte ich immer Backpflaumen gefuttert, dachte immer, der weiße Belag da drauf wäre Zucker, und jetzt sehe ich, dass es Milben sind. Na guten Appetit!«

Bei genauer Betrachtung erkannten die drei, dass das Erscheinungsbild der Milben unterschiedlich war. Da krabbelten hochbeinige, flinke Milben umher – der Doktor sagte, es handele sich um Laufmilben – und dann waren da noch welche mit kürzeren Beinen zu sehen. Als *Dörrobstmilben* bezeichnete der Doktor diese Tierchen. Oben auf der Tüte hielt der Doktor wieder einen seiner langen Vorträge:

»*Glyciphagus* lautet der wissenschaftliche Name dieser winzigen Spinnen oder Milben, auf Deutsch heißt das so viel wie *Süßmaul*. Süßmaul-Milben finden sich auch in Heu, Stroh und Futtermehl, an getrockneten Kräutern und Samen, an eingemachten Früchten, in der Polsterung von Sesseln und Matratzen. Zuweilen in so gewaltigen Mengen, dass sie wie lebendiger Staub erscheinen und die davon betroffenen Menschen zur Verzweiflung bringen können. Sie werden überwiegend durch Fliegen und Mäuse verbreitet. Haustieren darf mit Milben verseuchtes Futter nur gedämpft gegeben werden. Vor allem reagieren Pferde auf milbenverseuchtes Futter höchst empfindlich und können sogar daran sterben.«

Plauz! Beim Erzählen hatte der Doktor versehentlich alle vier Ventile geöffnet und rutschte die Tüte hinunter mit einem Gesicht, als wenn es in den Höllenschlund ginge. Aber er kam unten heil an und blieb auf seinem Hintern sitzen. Als die Kinder das von oben aus sahen, mussten sie laut lachen. Aber der Doktor lachte ebenfalls und rief: »Na wartet nur, ihr Racker. Wer den Schaden hat, braucht für den Spott nicht zu sorgen. Kommt nur auch herunter, aber macht es besser als ich.«

Dieter wurde übermütig und rutschte wie der Doktor die Tüte hinunter, nur Traute kletterte vorsichtig mit ihren Saugnäpfen abwärts. *Schschscht, schschscht* ...«

Vergnügt gingen die drei auf einen, auf der Fensterbank stehenden Blumentopf zu, kletterten daran empor und wollten auch die Pflanze besteigen.

Dabei entdeckten sie wieder Blattläuse. Das waren doch jene Tiere, die einen süßen Saft verspritzen, wie sie von ihren Abenteuern im vorigen Jahr noch wussten. Wo Dieter jetzt solche künstlichen Honigtropfen fand, da schleckte er mit Wonne daran, und Traute machte es ihm nach. Ein köstliches Zeug! Da durfte man doch Blattläuse wirklich nicht als Schädlinge bezeichnen.

Aber hatte es da nicht noch jemand anderes auf die Blattläuse abgesehen? Eine wunderschöne Florfliege kam durch das offene Fenster hereingeflogen. Zartgrün war ihr Körper, glashell leuchteten ihre Flügel, und große, goldfarbene Augen hatte sie. *Goldaugen* nannte man diese hübschen Tiere. Dass die Florfliege Blattläuse frisst, wussten die Kinder schon. Aber jetzt kümmerte sich das Goldauge nicht um die fette Beute. Sie drückte ihren Hinterleib an ein Blatt und klebte dort einen Faden fest, hob ihren Hinterleib wieder empor und drückte einen feinen Faden aus ihrem Körper, an dessen oberen Ende ein kleines Ei hing. Das wiederholte sie bis zu zwanzig Mal. Danach sah alles aus wie ein feiner Rasen mit Pilzen darauf. Der Doktor musste wieder erklären:

»Seht nur, so legt die Florfliege ihre Eier ab. Früher hielten selbst Wissenschaftler das Wunderwerk für eine Pflanze und glaubten, eine neue Pilzart entdeckt zu haben. Sie hielten dafür sogar einen lateinischen Namen bereit, nämlich *Ascophora ovalis*. Erst viel später entdeckte man, dass es kein Pilz war, sondern sich um Florfliegeneier auf Stängeln handelte, die Pilzen täuschend ähnlich waren.«

Die Florfliege war ganz mit dem Eierlegen beschäftigt und dachte nicht ans Fressen. Auf einem benachbarten Blatt fiel jetzt ein bräunlich-violettes Ungeheuer gierig über die Blattläuse her. Mit den Zangen packte der *Blattlauslöwe*, so nennt man dieses Ungeheuer, die armen Blattläuse, saugte sie mit seinen Zangen – worin sich feine Löcher befinden – aus und stieß die leeren Hülsen von sich weg. Und wer war nun der Blattlauslöwe? Kaum zu glauben, er war nämlich das Kind der schönen Florfliege.

Die drei kletterten weiter auf dem Blumentopf herum und entdeckten noch eine Larve. Diese hatte sich mit ihrer Schwanzspitze an einem Blatt festgeklebt und bewegte sich nur schwach. Der Doktor frohlockte über diesen Fund:

»Hier will sich die Larve eines Marienkäferchens verpuppen. Wenn die Verwandlung fertig ist, kommt ein kleiner, dicker Marienkäfer heraus, meistens mit sieben kleinen Punkten auf den roten Rückenflügeln. Nicht alle Marienkäfer haben rote Flügel, und nicht alle haben sieben Punkte darauf. Es gibt nämlich unglaublich viele Arten von Marienkäfern. Ja, manche fressen nur Blätter, also keine Blattläuse. Es gibt also auch Vegetarier unter den Marienkäfern..

Habt ihr übrigens schon einmal darüber nachgedacht, warum der Marienkäfer so grell gefärbte ist? Andere Tiere haben doch unauffällige Schutzfarben. Pst! ... das kann ich euch gleich zeigen!«

Auf einem Blatt hatte der Doktor einen voll entwickel-

ten Marienkäfer entdeckt. Er kletterte zu ihm hin, und die Kinder hinterher. Jetzt gab der Doktor einen Schuss ab, der dicht über den kugelrunden Käfer hinweg ging. Der Käfer drehte sich auf den Rücken, krampfte seine Beine zusammen und stellte sich tot. Aus seinen Gelenken aber quoll ein öliger gelber Saft, der ekelhaft roch und gewiss noch viel schlechter schmeckte.

»Seht, so wehrt sich ein Marienkäfer gegen Fressfeinde. Seine Farbe ist keine Schutzfarbe, sondern eine Warnfarbe. Achtung! Vögel, fresst mich nicht, ich stinke abscheulich und schmecke noch viel abscheulicher. So etwa sprechen die auffälligen Warnfarben zu den Vögeln.«

Nun ließen sie den Marienkäfer in Ruhe und kletterten wieder am Blumentopf hinab.

»Man soll Marienkäfer nicht töten, denn sie sind äußerst nützlich«, erklärte der Doktor weiter. »Sie fressen sich kugelrund und räumen mächtig unter den Blattläusen auf. Die Pflanzen können wirklich aufatmen, wenn die Marienkäfer kommen. Im Winter ziehen sich die Käfer zurück, halten ihren Winterschlaf, und im Frühling kann das Aufräumen wieder beginnen. Gärtner und Blumenfreunde schätzen daher Marienkäfer und Florfliegen.«

Schschscht, schschscht. Dieter kletterte mit seinen Saugnäpfen wieder die Wand empor, bis er an das geöffnete Fenster kam, gefolgt von Traute und dem Doktor. »Dieter, sieh dich vor!«, rief er, »da draußen könnte uns vielleicht ein Vogel für etwas Fressbares halten. Pass also gut auf!«

Aber Dieter war bereits an der Außenmauer des Hauses angelangt. *Schschscht, schschscht.* So kraxelte er den beiden davon. Was sollte man da machen? Der Junge war wirklich zu wagehalsig. Traute gab sich einen Ruck und kletterte ihm nach. Da blieb auch dem Doktor nichts anderes übrig. *Schschscht, schschscht,* zischelten dauernd die Saugnäpfe der drei Kraxler an der Außenmauer des Hauses von Doktor Kleinermacher.

»Was ist denn das?«, sagte Traute, »schau mal, Doktor, da haben anscheinend irgendwelche Bengel dein Haus mit Lehm beworfen. Dort klebt nämlich ein dicker Lehmklumpen.«

Der Doktor sah sich das etwas genauer an und sagte:

»Nein, Traute, das ist kein gewöhnlicher Lehmklumpen. Das hat eine *Mörtelbiene* geschaffen. Bienen haben oft große Sorgen. Sie sammeln Honig und Blütenstaub für ihre Kinder, bauen Waben, mühen sich ab, und dann kommen freche Schmarotzer, legen ihre Eier ins fertige Nest, und alle Fürsorge der fleißigen Bienen galt allein der

fremden Brut. Da bauen sich die Mörtelbienen mit
Geduld und Spucke – ja wirklich mit Spucke – vermischt
mit Lehm, Felsennester für ihre Kinder. Und die sind für
Schmarotzer tabu. Fast so hart wie Beton ist jetzt das
Nest, die Kinder liegen darin so sicher, wie in einem
Tresor. Kein Schmarotzer kommt da hinein.«

Während der Doktor noch sprach, kam die Mörtelbiene angeflogen. Sie ähnelte mehr einer Hummel als
einer Biene. Schwarz war der ganze Körper wie auch die
Flügel. Nur die Männchen schmücken sich mit roten
Farben. Der Rücken ist dicht mit Haaren bedeckt, auch
der Bauch, denn mit den Bauchhaaren sammeln die
Mörtelbienen den Blütenstaub ein, also anders als es die
Honigbienen tun. Zehn Zellen baut die Mörtelbiene
ungefähr in einem Lehmklumpen an der Hauswand. Die
Zellen ähneln einem Fingerhut. Die Innenflächen sind
glatt poliert, die Außenflächen bleiben aber rissig, sodass
Traute diesen Lehmklumpen wirklich für ein Geschoss
böser Bengel hielt. Die Zellen werden mit Bienenhonig

gefüllt, und oben auf den Honig kommt dann das Ei. Hat sich die Bienenlarve zur Biene entwickelt, dann beißt sie sich durch das inzwischen morscher gewordene Felsennest und fliegt fort. Gleich nach dem Ausschlüpfen wird Hochzeit gefeiert. Das muss so schnell geschehen, weil ihr Leben nur von kurzer Dauer ist.

Jetzt entdeckten die drei Abenteurer noch weitere Lehmklumpen ähnlicher Art. Es gab also mehrere Mörtelbienen, die ihre Felsenwiegen an der Hauswand errichteten. Aber die Weibchen vertrugen sich nicht untereinander. Ärgerlich flog eine Mörtelbiene auf eine andere zu. In der Luft prallten die Köpfe zusammen, dass es nur so brummte. Der Zusammenstoß war gewaltig; beide Bienen fielen zu Boden und kämpften dort weiter.

Während die drei noch die kämpfenden Bienen beobachteten, kam eine *Schmarotzerwespe* angesaust. Sie ließ sich auf dem Felsennest nieder und bohrte mit ihrem Legestachel ein feines, haardünnes Loch in die Felsenwiege. Das Haus war zwar fest wie aus Stein, aber stahlhart war auch der Bohrer der Schmarotzerwespe. Die Arbeit war schwierig, daher kam sie nur langsam voran. Das mochte der Doktor nicht länger ansehen. Er legte sein Gewehr an und schoss auf die Schmarotzerwespe. Der Schuss traf, war aber nicht tödlich, worauf die Schmarotzerwespe leicht verwundet davonflog. Der Doktor war entrüstet:

»Da soll man nicht wütend werden! Soviel Mühe gab sich die Mörtelbiene, und dann kommt eine Schmarotzerwespe und bohrt ein haardünnes Loch in die Felsenburg. In einer Stunde etwa hätte sie es geschafft, dann würde das Ei der Wespe in das Nest der fleißigen Biene kullern, gerade auf das Ei der Hausbesitzerin. Die Kindes-unterschiebung wäre gelungen, die Biene betrogen. Das Ei der Wespe entwickelt sich nämlich schneller als das der Biene; Ei und Honig der wirklichen Hausbesitzerin werden aufgefressen, und zum Schluss kommt statt einer Mörtelbiene eine Schmarotzerwespe zum Vorschein. Derartige Schmarotzer sollte man wirklich ausrotten.«

Da kam eine *Schmarotzerfliege* angeflogen. Aber was sollte schon so eine Fliege ohne Bohrer und Stachel in diesem Felsennest anrichten? Nur flüchtig berührte die Schmarotzerfliege mit ihrem Hinterleib das Nest, dann flog sie wieder davon. Einfach lachhaft, so ein Fliegen-angriff.

Aber der Doktor war auf dem Posten. Rasch kraxelte er mit Kindern zum Mörtelnest der Biene und fand darin ein ganz winziges Ei. Mit einer Fußbewegung ließ er das Ei hinunterkollern. Aus diesem Ei käme nämlich, so erklärte der Doktor, eine ganz winzige Larve heraus, so durchsichtig wie Glas und so fein wie ein Haar. Diese Larve würde dann alle Ritzen des Mörtelnestes solange durchsuchen, bis sie doch irgendwo einen Einlass fände. In der Bienenzelle angelangt, fräße sie sich dick und fett, bis sie zu einer fußlosen Made geworden wäre. Aber diese fette Fliegenmade könne weder beißen noch stechen. Aber wodurch würde sie das Bienenkind umbringen? Sie würde sich so lange an ihm festsaugen, bis es verendete.

Aber der Doktor hatte das noch verhindern können, und die Kinder waren beruhigt. Da baute sich die Mörtel-biene ein sicheres Felsennest, und dennoch können Schmarotzer hinein. Genau wie bei den Menschen. Die Geldschränke würden zwar immer stabiler, aber auch die speziellen Werkzeuge der Räuber wurden dem Fortschritt angepasst.

Der Doktor führte die beiden Kinder auf das Fensterbrett zurück. Er hatte am Tag zuvor einen toten Vogel gefunden und ihn darauf gelegt, dessen Kopf in eine Papiertüte gesteckt und diese zugebunden.

»Ich will doch mal sehen, wo jetzt die Schmeißfliege ihre Eier ablegt! Schmeißfliegen heißen jene dicken Brummer, die oft an unseren Fensterscheiben so einen Spektakel machen. Sie pflegen ihre Eier an totem wie auch an frischem Fleisch abzulegen. Selbst an menschliche Wunden wagen sie sich, um ihre Eier loszuwerden. Die Brummer selbst naschen nur von Blüten. Ihre Maden aber wollen Fleisch fressen, egal ob frisch oder verfault. So finden sich die Maden – man bezeichnet sie auch als *Leichenwürmer* – im Aas. Die alten Römer hatten das auch schon beobachtet aber meinten, die Leichenwürmer entständen von selbst. Aber so ist das natürlich nicht. Die Brummer legen die Eier, und aus denen entstehen solche Maden. Ohne Schmeißfliegen gibt es also auch keine Leichenwürmer.

Am liebsten legen die Schmeißfliegen ihre Eier am Schnabel, an Wunden oder an den Augen toter Vögel ab. Das sind Stellen, an denen die Maden sich leicht in das Fleisch hineinbohren können. Die Maden können nämlich nicht beißen, sie lutschen sozusagen nur, aber ihr Speichel ist so aggressiv, dass das Fleisch davon aufgelöst wird. Den entstandenen Extrakt saugen sie dann auf. Wenn sie ausgewachsen sind, verpuppen sie sich in der Erde. Im Frühjahr entstehen daraus wieder Brummer, die zwar draußen reichlich Nahrung finden, aber auch in unsere

Wohnungen kommen, weil sie dort Fleisch für die Ablage ihrer Eier wittern. Die Fensterscheiben versperren ihnen den Weg zurück ins Freie, worauf sie unter störendem Gebrumme an den Fensterscheiben hin und her fliegen.«

Der Doktor war noch mitten im Erzählen, da kam schon eine Schmeißfliege angesaust. Sie ließ sich sofort nieder und schien sehr erstaunt zu sein, statt des Vogelkopfes eine Papiertüte vorzufinden. Sonst fand sie an einem toten Vogel immer einen geöffneten Schnabel, worin sie die Eier ablegen konnte. Falls der Schnabel geschlossen war, eigneten sich dafür auch die Augen. Aber auf eine Papiertüte hatte sie noch nie Eier abgelegt. Sie untersuchte den Vogel von allen Seiten, nirgends konnte sie eine Öffnung oder eine Wunde entdecken. Schließlich legte sie einige Eier unter der Flügeldecke ab, wo die Haut noch am dünnsten war. Sie schien etwas vom Körperbau eines Vogels zu verstehen. Aber alle Eier legte sie hier doch nicht ab, denn gewiss gab es noch anderswo einen toten Vogel, der statt einer Papiertüte einen Kopf mit offenem Schnabel hatte.

Die Schmeißfliege wollte gerade davonfliegen, als ein riesengroßes Insekt angebraust kam. Es ähnelte einer Wespe, war aber wesentlich größer als diese. Es war eine Hornisse. Sie fiel über den Brummer her, biss ihm Flügel und Beine ab und flog mit der verstümmelten Beute weg.

»Ich dachte, Hornissen ernährten sich von Honig und Blütenstaub«, sagte Traute.

»Ja, gewiss, aber ... ich werde euch das noch erklären. Allerdings befürchte ich, dass wir abstürzen und uns das Genick brechen, wenn wir hier draußen anfangen zu wachsen. Wir sollten deshalb schon jetzt wieder in die Küche zurückkehren.«

Die drei kraxelten wieder hinein und dann an der Küchenwand bis zum Fußboden hinunter. *Schschscht, schschscht,* machten dabei die zwölf Saugnäpfchen. Unten angekommen setzten sich alle nieder und warteten auf ihr Größerwerden. Der Doktor nutzte diese Zeitspanne, um den Kindern noch einiges zu erklären:

»Die Hornissen sind unsere größten Wespen. Ihr Gift ist so gefährlich, dass bereits sieben Stiche genügen sollen, um einen Menschen zu töten. Dabei sind die Tiere recht friedlich und gar nicht angriffslustig. Es soll gut sein, nach einem Stich die Wunde mit Zwiebelsaft einzureiben. Ich habe das aber noch nicht ausprobiert, denn ich bin noch nie gestochen worden. Ihr Nest errichten Hornissen auf ganz andere Weise als Honigbienen. Sie nagen von Bäumen die Rinde ab, zerkauen und durchkneten sie mit ihrem Speichel, und bauen daraus ein Nest, das wie

Papiermaché aussieht. Wie bei den Bienen sind die Waben sechsseitig, die Öffnung ist aber nach unten gerichtet. Darum muss die Hornissenkönigin ihre Eier in den Waben festkleben.

Die ausgewachsenen Hornissen ernähren sich wie die Bienen von allem Süßen, manchmal überfallen sie sogar Honigbienen, reißen denen den Kopf ab und saugen ihren Honigmagen aus. Die Hornissenkinder gieren aber nach Fleisch. Darum gehen die Hornissen auf Jagd nach anderen Insekten. Wenn eine gerade geborene Hornisse aus ihrer Zelle krabbelt, dann reinigt sie diese sogleich, um neuem Nachwuchs Platz zu schaffen. Die Königin legt fort-laufend Eier, aus denen aber nur Arbeiterinnen werden. Erst im Herbst werden echte Männchen und Weibchen geboren. Die Königin allein aber überwintert und gründet im Frühjahr einen neuen Hornissenstaat. Das alles wollte ich euch noch sagen.«

»Ich wachse!«, rief Dieter.

»Ich auch!«, erklang Trautes Stimme.

Der Doktor kam nicht mehr dazu, das Gleiche auszurufen, denn es prickelte so plötzlich durch seinen Körper, dass er erschrak und keine Zeit mehr hatte, den Kindern zu sagen, dass auch er wachse. Das war auch gar nicht mehr nötig, denn inzwischen hatte jeder wieder seine Normalgröße erreicht.

Damit hatte auch dieses lehrreiche Abenteuer ein gutes Ende gefunden.

7

POLIZISTEN IM BÜCHERSCHRANK

Traute und Dieter saßen über ihren Hausaufgaben. Sie hatten es sich angewöhnt, diese gemeinsam zu machen. Plötzlich sagte Traute:

»Sag mal, hatten wir uns nicht für heute mit Doktor Kleinermacher verabredet? Er wollte mit uns doch auf ein neues Abenteuer gehen!«

»Das habe ich natürlich nicht vergessen«, erklärte Dieter. »Aber zuerst wollen wir unsere Hausaufgaben erledigen!«

Traute war schon bald damit fertig und schaute hin und wieder zu ihrem Bruder, um zu sehen, wie weit er wäre. Denn sie hatte etwas Besonderes mit dem Doktor vor. Als Dieter endlich seine Hefte und Bücher einpackte, sagte sie:

»Weißt du, Dieter, was ich dem Doktor mal vorschlagen möchte?«

»Na was denn? Sag schon!«

»Er möchte doch mit uns, wenn wir wieder so winzig geworden sind, auf den Büchern im Regal herumgehen. Da sie alle verschieden groß sind, müsste das doch richtig spannend sein.«

Dieter zeigte sich von diesem Vorschlag hellauf begeistert.

Als die beiden Doktor Kleinermacher ihre Gedanken vortrugen, stimmte dieser überraschend schnell zu.

»Gut so, Traute«, strahlte er. »Du hast anscheinend

meine eigene Idee erraten.«

»Na ja«, sagte Traute, »irgendwelche Tiere werden wir zwischen den Büchern kaum finden. Darauf werden wir wohl bei einem solchen Ausflug verzichten müssen.«

»Hast du eine Ahnung, Traute. Tiere gibt es überall, auch zwischen den Büchern. Die Sache hat aber einen Haken: wie kommen wir da hinauf?«

»Aber Doktor«, sagte Dieter vorwurfsvoll, »wie wir da hinaufkommen? Du müsstest nicht der Doktor Kleinermacher sein, um dafür keinen Weg zu finden. Du hast doch den Fahrstuhl, die Rolltreppe und dann unsere Saugnäpfe hergestellt. Um zu den Büchern zu gelangen, da dürfte dir bestimmt noch etwas einfallen!«

»Leicht gesagt für einen Dreikäsehoch wie dich. Denn wir müssten so klein werden wie Flöhe, sonst wird es nichts mit dem Spaziergang zwischen Büchern, Heften und losen Blättern. Und für Flöhe sind unsere Fahrstühle, Rolltreppen und Saugnäpfe viel zu riesig. Geräte für solch kleine Wesen anzufertigen, ist aber unmöglich. Andererseits würden wir schon wieder groß werden, während wir noch an dem Bücherregal emporklettern, denn diese Kletterei würde viel zu lange dauern.«

»Na gut, aber wie sonst können wir das schaffen?«

»Habt nur Geduld, euer Doktor Kleinermacher hat schon für alles gesorgt.« Und dann zeigte er den staunenden Kindern, was er inzwischen vorbereitet hatte:

Ein winziger Luftballon, nicht viel größer als eine Glasmurmel, lag auf der Erde bereit. Daran war eine noch kleinere Gondel befestigt, und was sich darin befand, war so winzig, dass sie es nur unter der Lupe erkennen konnten: Das waren drei Eispickel sowie Seile, wie diese von Bergsteigern benutzt werden, nur noch viel dünner als Zwirnsfäden. Außerdem drei Spieße, Steigeisen und sogar ein richtiger Schiffsanker. An jedem Bücherbrett befand sich eine kleine Metallöse, woran der Luftballon verankert werden konnte. Alles war bereits startbereit und ein neues Abenteuer konnte beginnen.

Der Doktor entfernte den Schraubverschluss der Wunderwasserflasche und goss daraus in die drei bereitgestellten Messbecher wieder so viel, bis die Strichmarke 8 erreicht war.

»Also Prost!« sagte der Doktor, dann leerten alle drei ihren Becher und begannen gleich darauf zu schrumpften. Das Zimmer wuchs für die drei Abenteurer scheinbar bis ins Unendliche. Schließlich waren sie so klein, wie sonst die Flöhe sind. Jetzt erinnerten sich die Kinder daran, dass es ihnen seinerzeit im Wassertropfen genauso ergangen war.

»Wo befindet sich denn der Luftballon?«, fragte Traute leicht verwirrt.

»Dort hinten!« Der Doktor deutete in die Ferne. »Wenn wir so springen könnten wie Flöhe, dann wären wir bald da, aber so müssen wir eine ganze Weile marschieren, bis wir ihn erreichen. Also los!«

Der Wanderweg war beschwerlich. Die Dielenritzen wurden zur Schlucht, die man nur kletternd überwinden konnte. Oft waren sie völlig unpassierbar, und die drei mussten an den Ritzen entlanglaufen, um eine geeignete Stelle zum Hinüberklettern zu finden. Einmal musste der Doktor den Dieter sogar auf die Schultern nehmen, damit er den oberen Rand zu fassen bekam, so tief war die Schlucht. Auf die gleiche Art musste Traute emporklettern. Die Tour über den Fußboden war eine Wanderung auf einer von vielen Schluchten durchzogenen Hochebene.

Endlich stand der gewaltige Luftballon vor ihnen. Ohne zu zögern bestiegen sie die Gondel. Jeder warf sein Bergsteigerseil über die Schulter, ergriff Klettereisen und Spieß, dann löste der Doktor das Halteseil. Wie von einer unsichtbaren Macht gezogen, strebte der Ballon nach oben. Es ging so schnell, dass der Doktor sofort nach dem Anker greifen musste, um den Ballon festzumachen, sobald er in die Nähe der ersten Metallöse am Bücherregal gelangte.

Aber o weh! Der Doktor hatte angenommen, der Ballon würde kerzengerade aufsteigen. Jedoch auch in der geschlossenen Bibliothek gab es Luftströmungen. Der Ballon trieb ab und stieg so weit weg von der Öse am Regal, dass der Ballon dort nicht ankern konnte. Bei der nächsten Öse – darauf hoffte der Doktor – würde es besser klappen. Aber was war denn mit dem Ballon los? Immer weiter trieb er vom Bücherregal hinweg, und eine Landung an den vorgesehenen Stellen erschien ausgeschlossen. Mit solch unerwarteten Luftbewegungen hatte der Doktor nicht gerechnet. Allerdings war ihm der Begriff *Mikroklima* noch nicht vertraut. Aber was nun?

Der Ballon stieg und stieg und trieb immer weiter vom Bücherregal ab. Jetzt ging es an der Hängelampe vorbei, weit oberhalb des Bücherregals. Immer höher ging es, bis der Ballon sanft an die Zimmerdecke stieß. Dadurch schwankte die Gondel ein wenig, dann stand sie still. Nur wenn eine Fliege vorbei sauste, dann schaukelte sie infolge der dadurch entstandenen Luftbewegung etwas hin und her. Was hatten sie da oben zu erwarten?

Dieter wollte wissen, ob auch Fallschirme mitgenommen wurden, dann könne man abspringen und alles nochmals von vorn beginnen. Schließlich könnte man hier oben nicht so lange warten, bis das Wachstum wieder einsetzte. Was würde dann aus ihnen werden?

Der Doktor gab keine Antwort, denn er musste nachdenken. Dann tippte er sich an die Stirn und rief:

»Ich hab's! Und aus dem oben in die Rundung des Ballons eingebauten Ventil ließ er durch Ziehen an einer Leine etwas Gas ab, bis der Ballon langsam hinab sank. Aber immer noch gab es ziemlich starken Seitenwind, wodurch der Ballon an die andere Seite der Bibliothek getrieben wurde. Aber, Gott sei Dank, dort befanden sich noch weitere Bücherregale. Hatte doch der Doktor um die zweitausend Bücher dort stehen. Als beim langsamen Absteigen der Ballon in die Nähe der Bücher kam, warf der Doktor den Anker aus, der sich im Rücken eines Einbandes verfing. Und dann stand der Ballon still.

»Aussteigen, bitte!« Am Seil kletterten die drei zum Regal hinüber und standen nun endlich auf festem Boden. Das war noch einmal gut gegangen.

»Wo sind wir denn jetzt?« Die drei standen vor einem großen Buchband, als Dieter versuchte, die Schrift zu lesen. Aber die war so riesig, dass er sie nicht entziffern konnte. Der Doktor überlegte und sagte: »Nach meiner Schätzung dürften wir direkt vor dem Buch *Brehms Tierleben, 1. Band* stehen. Genau kann ich das aber nicht sagen, man findet sich im Flohformat ja kaum in seiner eigenen Wohnung zurecht.« Aber der Doktor hatte sich geirrt. Die drei standen nämlich vor einem Buch, worin ihre eigenen Abenteuer beschrieben wurden. Es trug den Titel: *Doktor Kleinermacher führt Dieter in die Welt.*

Im Regal auf der anderen Seite stand eine große Holzkiste. Was mochte darin sein? Da ging dem Doktor ein Licht auf: »Kinder, in früheren Jahren sammelte ich einmal echte Käfer und Schmetterlinge, tötete sie ab und spießte sie auf. Das Ganze bezeichnete ich als *Insekten-sammlung eines Naturforschers.* Aber schon seit langem habe ich das Sammeln aufgegeben. So wie einst Touristen auf Safaris in fremden Ländern alles niederschossen, was ihnen vor die Flinte kam, so habe auch ich früher alle möglichen Insekten abgetötet und in Kästen aufbewahrt. Inzwischen gehen die Touristen nicht mehr mit dem Gewehr, sondern viel erfolgreicher mit Filmkameras auf die Jagd. Auch ich spieße keine Schmetterlinge oder Käfer mehr auf, sondern beobachte sie und lasse sie am Leben. Die riesige Bretterwand neben uns, das ist die eine Seite meines Kastens mit den aufgespießten Käfern und Schmetterlingen. Von oben kann man sie durch ein Glasfenster beobachten. wollen wir mal hinaufklettern?«

Aber Dieter entdeckte an einer Ecke des Kastens einen schmalen Spalt, durch den man sich hineinzwängen konnte. Er rief das den beiden anderen zu und war gleich dahinter verschwunden, sodass sie nur noch seine krabbelnden Beine sahen. Traute kroch hinterher, gefolgt vom Doktor. Die drei hatten bereits diese Reihenfolge vereinbart. Erster und Letzter mussten *Männer* sein, die die zierliche Traute in ihre Mitte nahmen.

Drinnen im Insektenkasten ergab sich für die drei ein seltsames Bild. Säulen aus Stahl ragten nach oben und endeten in einem mächtigen Insektenleib. Am größten war der Körper eines Hirschkäfers. Dieser Käfer war für die drei flohgroßen Zwerge ein unglaublicher Riese. Manche der Stahlsäulen waren bereits stark angerostet, eine war sogar zerbrochen, und die Überreste eines kleinen Käfers, der immerhin doppelt so groß wie die Zwerge selbst war, lagen am Boden. Der Doktor wollte nähertreten, um zu sehen, was für ein Käfer denn da am Boden lag. Er wollte Namen und Art feststellen. Plötzlich sprang er entsetzt zurück und ergriff seinen Spieß. Was war denn das? Der tote Käfer bewegte sich. Sollte der Käfer alle Leiden des Betäubens und Aufspießens überstanden haben? Das wäre nach einer so langen Zeit wohl ein Wunder. Behutsam näherte sich der Doktor weiter und berührte den Käfer mit seinem Spieß.

Da zeigte sich die Lösung des Rätsels. Der Käfer war wirklich tot. Aber aus seinem Inneren kroch eine Larve hinaus. Sie war braun behaart und hatte einen flachen Körper, an dessen hinterem Ende die Haarbüschel zu einem buschigen Schwanz wurden.

Jetzt konnte der Doktor wieder erklären:

»Kinder, den Kerl, den ihr da seht, das ist ein Räuber erster Güte, nämlich die Larve des *Kabinettkäfers*. Der zerstört alle Insektensammlungen und Museumsschätze, zu denen er Zutritt findet. Wo der wütet, da können die Wissenschaftler einpacken. Die Museumsleiter müssen daher solche Insektenkästen mit Schwefelkohlenstoff ausräuchern. Aber die Larven kommen auch hervor, wenn man die toten Käfer beklopft, denn die Tiere leben und fressen gern im Innern der toten Käfer. Wir wollen dieses Scheusal töten, denn es ist ein echtes Ungeziefer.«

Mit voller Wucht stieß der Doktor seinen Spieß tief in das Fleisch der Larve hinein. Dieter fühlte sich zwar nicht wohl dabei, aber auch er ergriff seinen Spieß und kam dem Doktor zur Hilfe. Traute wandte sich entsetzt ab. Die Larve hatte zwar erhebliche Wunden davongetragen, die aber nicht gleich zum Tod führten. Insekten haben ein zähes Leben.

Traute tat die Larve leid, sie sagte: »Aber Doktor, warum hast du denn nicht ein Gewehr mitgenommen: Mit einem Gewehrschuss geht doch alles viel schmerzloser und rascher vor sich.«

»Meine liebe Traute, es erschien mir doch zu schwierig, so winzige Gewehre für uns flohgroße Zwerge herzustellen. Wir müssen darum mit unseren Spießen vorlieb nehmen.«

Daraufhin gab er der Larve den Todesstoß und sagte:

»Hoffentlich war das hier die einzige Larve des Museumskäfers. Sonst wäre bald die gesamte Käfersammlung zerstört. Morgen müssen wir mal genauer nachsehen.«

Die drei verließen wieder den Insektenkasten, denn sie wollten sich zu den Büchern begeben.

Sie kamen an einem kleinen Wall vorbei. Was mochte das wohl sein? Die Kinder überlegten und der Doktor auch, der schließlich laut auflachte:

»Kinder, wisst ihr, was das ist? Jetzt fällt es mir ein. Es ist meine Zigarre, die ich in diesem Bücherregal schon vor längerer Zeit liegen ließ. Jetzt sehen wir, wie so eine Zigarre aus der Perspektive eines Flohes wirkt. Ist das nicht putzig?« Der Doktor hatte kaum ausgesprochen, als Traute aufschrie: »Doktor, da kommt eine Spinne an, eine gelbe Spinne!«

Das braungelbe, von Traute für eine Spinne gehaltene Tier krabbelte auf die Zigarre zu. Es nahm die drei Zwerge gar nicht zur Kenntnis, sondern knabberte jetzt an der Zigarre herum, als sei das eine Riesentorte.

»Nun, wieviel Beine haben den Spinnen?«, fragte der Doktor. Dieter antwortete prompt: »Acht Beine natürlich. Ich sehe schon, die Spinne hier hat nur sechs Beine. Sicher hat sie zwei Beine irgendwo verloren.«

»Nein, sie hat keine Beine verloren, die Spinne. Es ist nämlich gar keine Spinne, sondern ein Käfer, ein merkwürdiger Käfer, der allerdings wie eine Spinne aussieht. Und dieser Käfer heißt *Messingkäfer*. Er ist ein Musterbeispiel dafür, wie ein kleiner Provinzler zum Weltbürger wird. Dieser Käfer wurde erst 1836 im Orient entdeckt, gelangte aber schon ein Jahr danach mit einer Schiffsladung Schweineborsten von dort nach England. 1840 traf er mit Rhabarberwurzeln in Dresden ein. 1855 tauchte er in Nordfrankreich, 1862 in Hamburg, 1865 in Greiz und etwa gleichzeitig in Schweden auf. 1874 erschien er in Württemberg, 1875 in Norwegen und 1899 in Nordamerika.

Und seine Bereitschaft, alles zu fressen, was ihm vor's Maul kommt, ist noch untertrieben. Er wurde zwischen Knochen, Federn, Bürsten, Badeschwämmen, Garn, Kunstseide, Wolle, Filz, Lederwaren, Schnupftabak, Zigarren, Tee, Tollkirschblättern, Leim, Getreide, Haferflocken und altem Brot entdeckt. Die pflanzlichen Stoffe werden mehr von den Larven, die tierischen mehr von den Käfern gewählt. Und wo sich der Messingkäfer eingenistet hat, da kann er zur ganz großen Plage werden.«

Mit Spießen konnten die drei dem Messingkäfer nicht zu Leibe rücken, denn obwohl er nur eine Länge von viereinhalb Millimetern hatte, war er viel zu groß für sie. So zogen die drei weiter, denn sie wollten ja eine Wanderung über die Bücher machen.

Endlich erreichten sie ein ganz dickes Buch. Dessen Lederrücken war schon etwas geplatzt, und so schlüpften sie hinein. Innen war es zwar recht dunkel, aber einiges Licht trat doch noch von oben herein. Der Doktor und die Kinder schnallten sich ihre Steigeisen an, und dann ging die Kraxelei inmitten des Buchrückens los. Der Doktor stieg diesmal voran, und wo die Steigeisen in der Pappe keinen Platz fanden, hielt er sich mit dem Eispickel fest. Angeseilt folgte Traute und den Schluss machte Dieter. Manchmal waren die Schluchten äußerst eng, man musste sich hindurchzwängen, dann aber gab es wieder genügend Platz zum Klettern.

Bevor Traute weiterkletterte, musste erst der Doktor einen sicheren Halt gefunden haben. So kraxelten sie wie echte Bergsteiger in drei Etappen nach oben.

Mitten im Klettern hielt der Doktor an. Sie erblickten nicht weit von ihnen ein weißgraues Tier, eine *Bücherlaus,* wie ihnen der Doktor erklärte.

»Diesen Namen trägt das Tier zu unrecht. Es ist nämlich gar keine Laus, sondern ist eher verwandt mit den afrikanischen Termiten als mit Läusen. Und die Termiten wiederum sind, es ist kaum zu glauben, gar nicht verwandt mit Ameisen, obwohl sie denen so ähneln.«

Diese Bücherlaus war ein weiches, wabbeliges Tierchen ohne Flügel. Ihre Färbung wirkte auf der Pappe wie eine Schutzfarbe. Man sagt der Bücherlaus nach, sie ›klopfe‹ im Zimmer. Man spricht sogar von einer *klopfenden Bücherlaus.* Das ist natürlich falsch, denn der gelegentlich auftretende ›Klopfgeist‹ ist ein Käfer.

»Und was frisst so eine Bücherlaus?« Neugierig wollte Dieter alles wissen, was ihm zu fragen gerade einfiel.

»Das ist ganz harmloses Zeugs«, erklärte der Doktor. »Wo sich zwischen den Büchern manchmal winzige Pilze ansammeln, da weidet die Bücherlaus sie ab. Im Staub befinden sich oft unschädliche Bakterien, auch von denen ernährt sich die Bücherlaus. Und darum ist sie sehr nützlich, weil durch sie die Bücher vor einer Zerstörung geschützt werden. Nur die Schmetterlingssammler haben etwas gegen die Bücherlaus, weil sie die Schuppen von Schmetterlingsflügeln abfrisst. Und gerade die verleihen den Schmetterlingsflügeln Glanz und Aussehen.«

Durch die drei Kletterer fühlte sich die Bücherlaus beunruhigt. Der Doktor versuchte mehrmals vergeblich, sich dem Tier zu nähern, doch immer wieder krabbelte es vor ihm davon. Wie putzig das aussah! Die Bücherlaus lief nämlich vorwärts, rückwärts, seitswärts, geradeaus, gerade so, wie es ihr passte. Immer wieder bemühte sich der Doktor, aber jedes Mal rückte die Bücherlaus vor ihm aus. Während der Verfolgung, der sich auch die Kinder anschlossen, trafen die drei jetzt ein anderes Tier im Innern des Bücherrückens an. Es war eine Mehlmilbenart, oft auch als *Büchermilbe* bezeichnet. Rund wie ein Ei aber ganz flach war das Tier.

»Die Büchermilbe ist blind und kann nicht sehen. Aber warum sollte sie auch? Sie sitzt doch mitten in der Nahrung drin! Denn dort, wo die Buchbinderwerkstatt Klebstoff verwendet hat, da hat die Büchermilbe etwas zum Naschen!«, erläuterte der Doktor.

Der Büchermilbe konnte man sich leichter nähern. Schon wollte der Doktor alle Sorgfalt beiseite lassen, um das komische Wesen genauer zu betrachten, als ein anderes Tier in raschem Tempo herangepirscht kam. Es war etwas größer als die Flohzwerge. Wie ein Krebs trug es vorne zwei Scheren, im übrigen war das Wesen aber ebenso platt, wie alle Tiere, die zwischen den Büchern lebten. Und laufen konnte der Bursche, und zwar genau wie die Bücherlaus, nämlich nicht nur vorwärts, sondern auch rück- und seitswärts.

Der Doktor wusste natürlich, wer dieser neue Geselle war:

»*Bücherskorpion* nennt man dieses Tier. Zwar hat ein Bücherskorpion keinen Giftstachel, dafür aber die zwei gewaltigen Scheren.«

Der Bücherskorpion hatte offenbar nur ein Ziel, nämlich die Büchermilbe. Das arme blinde Wesen konnte weder fliehen, noch sich wehren. Mit den Scheren wurde es gepackt, grausam gedrückt, und dann saugte der Bücherskorpion gierig die Büchermilbe aus. »Kauen kann das Tier nicht, es muss saugen, wenn es Hunger hat«, flüsterte der Doktor.

Kaum war der Bücherskorpion mit der Büchermilbe fertig, als er die drei Zwerge erblickte. Einen Augenblick stutzte das Tier. Gab es hier etwa *noch* etwas zum Fressen? Solch flohgroße Lebewesen waren dem Bücherskorpion

zwar unbekannt, aber vielleicht waren sie echte Leckerbissen. Hatte er doch vor einiger Zeit eine stinkende
Bettwanze erbeutet, die sich in einem Buch des Doktors
verlaufen hatte. Gepackt und ausgesaugt hatte er sie, das
war eins. Da konnte die Bettwanze noch so viel Gestank
verbreiten, sie hatte daran glauben müssen.

Die drei Zwerge befanden sich jetzt in erhöhter
Lebensgefahr. Mit Bücherskorpionen war nicht zu spaßen.
Aber sobald sich das beutegierige Tier den Menschen
nähern wollte, starrten ihm drei spitze Spieße entgegen,
die es nicht abwehren konnte.

»Also Vorsicht«, sagte der Doktor, »vertreiben müssen
wir den Kerl, töten aber wollen wir ihn nicht, denn
Bücherskorpione sind meine Polizisten, sie räumen im
Bücherschrank unter all dem Ungeziefer auf.«

Immer abwehrbereit stiegen die drei langsam abwärts.
Bald hatten sie den Regalboden erreicht und schlüpften
aus dem Buchrücken hinaus. Da ließ der Bücherskorpion
von ihnen ab und zog sich zurück.

Die drei aber hatten jetzt genug erlebt und kletterten
über das Seil zum Ballon hin. Dieter blieb als Letzter
zurück, löste den Anker und musste dann über das
Ankerseil in die Gondel klettern. Das war zwar äußerst
gefährlich, aber gerade so etwas liebte Dieter, denn das
war ein wenig Jungenromantik. Als er in der Gondel war,
sank der Ballon langsam hinab.

»Wer hätte denn gedacht, dass man inmitten von
Büchern überfallen und ausgesaugt werden könnte?«
Traute schüttelte sich.

»Forschungsreisen sind halt nichts für schwache

Nerven«, fügte Dieter hinzu.

Der Doktor schmunzelte. »Nicht wahr, mein Polizist im Bücherschrank ist ein wichtiger Bewohner. Er ist gewiss nicht feige, aber er hat sich vor unseren Spießen zurückgezogen. Und das war vernünftig.«

Die Begegnung mit dem Bücherskorpion hatte den Doktor ziemlich unsicher gemacht, daher wollte er so schnell wie möglich die Ballonreise beenden. »Ich werde jetzt das Ventil öffnen und etwas Gas ablassen«, sagte er, »denn das Absinken dauert mir sonst zu lange.«

Aber dann ließ er zuviel Gas entweichen, so dass der Ballon stark schrumpfte, wodurch sich die Fallgeschwindigkeit immer mehr erhöhte. Da prallte auch schon die Gondel so hart auf, dass die drei ihren Halt verloren und übereinander purzelten. Gleichzeitig breitete sich die gasleere Ballonhülle über der Gondel aus und bedeckte sie völlig. Als sich die drei wieder aufrappelten, mussten sie erkennen, dass sie gefangen waren. Die Ballonhülle lag drückend über ihnen, sodass sie nicht mal aufrecht stehen, geschweige denn aussteigen konnten. Wie sollte das enden?

Dieter und der Doktor versuchten, die Ballonhülle hochzuheben, aber das ging über ihre Kräfte. Doch dann setzte bei den dreien gleichzeitig das rettende Wachstum ein. Mit Leichtigkeit hoben sie die Ballonhülle hoch, dann zerbarst die Gondel in viele kleine Stücke. Als die drei wieder in voller Größe in dem Zimmer standen, war von Ballon, Gondel, Eispickel, Spießen und Steigeisen nichts mehr zu sehen. Ob beim nächsten Großreinemachen der Doktor seinen Ballon wohl wiederfinden würde?

Dieter stürzte auf ein Buch mit einem Ledereinband

zu, schlug es auf und blätterte darin aufgeregt herum. Doch dann legte er es enttäuscht zur Seite und sagte:

»Schade, ich hätte zu gern den Bücherskorpion wiedergesehen. Aber der hatte wohl Angst bekommen und sich ganz verkrochen.«

Der Doktor schüttelte den Kopf und sagte: »Ich möchte dich daran erinnern, dass alle Tiere, die wir auf diesem Abenteuer gesehen haben, in Wirklichkeit so winzig sind, dass man sie nur mithilfe einer Lupe sehen kann. Aber jetzt trollt euch, Kinder. Auf Wiedersehen bis zum nächsten Mal.«

8

IM SEGELFLUG DURCH DAS SCHLAFZIMMER

Noch völlig außer Atem klopften Dieter und Traute an Doktor Kleinermachers Tür. Sie kicherten voller Übermut, als ihr väterlicher Freund die Tür öffnete:
»Stimmt's, Doktorchen, wir fahren heute wieder Luftballon?«, wollte Dietere wissen.

»Nein, Dieter, mit dem Luftballon werden wir zu weit von unserem Ziel abgetrieben.«

»Da bin ich aber gespannt, was wir dann machen. Übrigens fällt mir gerade etwas ein, Doktor. Im Fernsehen gab es neulich einen Videofilm, da wurden Luftströmungen in einem geschlossenen Raum sichtbar gemacht. Vor dem Munde eines Sprechers sah es so aus, als tobte da ein Orkan. Schon eine Kerzenflamme brachte die Luft so sehr in Bewegung, das alles nur so wirbelte; nie hätte ich das für möglich gehalten.«

»Richtig, Dieter, was du neulich gesehen hast, das kann ich sogar für uns nutzbar machen. Ich will nämlich mit euch in einem Segelflugzeug durchs Schlafzimmer fliegen, ganz ohne Motorkraft, getragen nur durch die Kräfte der Luftbewegung!«

»Wir werden in einem Segelflugzeug fliegen?«, staunte Dieter. »Es ist wirklich toll, was man mit dir alles erleben kann!«

»Vielleicht habt ihr schon mal davon gehört, dass man zum Segelfliegen einen Aufwind braucht, einen Wind also, der von unten nach oben strömt. Aufwinde kommen meist von erwärmten Flächen, ich habe daher auf den

Fußboden ein Heizkissen gelegt. Das genügt, denn unser Segelflugzeug ist sehr klein, wir sind auch diesmal wieder nicht größer als Flöhe. Hier ist das Flugzeug.«

Unter einer Lupe betrachteten die Kinder nacheinander das winzige Segelflugzeug und kamen aus dem Staunen nicht heraus. Nein, dieser Doktor Kleinermacher, der war ein echter Tausendsassa. Keiner konnte ihm das nachmachen.

Wieder tranken die drei eine genau abgemessene Menge des Wunderwassers. Abermals schrumpften sie bis auf die Größe von Flöhen. Wo war denn das Flugzeug? Ach, dort stand es ja schon! Aus Pappe hatte der Doktor einen leicht schrägen Abhang hergestellt, davor sahen sie den Segler mit seinen langen, schmalen Flügeln stehen. Er stand auf einem Katapult, denn über Gummiseilen, wie diese von den Segelfliegern zum Starten benutzt werden, verfügten die Zwerge nicht. Auch von einem Auto konnten sie sich nicht zum Start anschleppen lassen, wer hätte ein so winziges Motorfahrzeug bauen können? Aber der Doktor wusste sich immer zu helfen. Ein Katapult ersetzte Gummiseile und Auto.

Als die drei den Pappenhügel erklommen hatten, erblickten sie am Fuße des Abhanges ein weißes, welliges Gebirge. Das war das Heizkissen, und von dort aus entwickelte sich ein Wind, der nahezu kerzengerade nach oben stieg.

Die drei Abenteurer nahmen in dem Flugzeug Platz. Als sie sich angeschnallt hatten, bediente der Doktor den Steuerknüppel. Gleichzeitig löste Dieter die Sperre am Katapult, worauf das Flugzeug direkt über das Heizkissengebirge hinweg in die Luft schoss. Wie ein geübter Pilot nutzte der Doktor den Aufwind. Er bediente das Steuer so geschickt, dass der Flieger – elegante Kurven und Spiralen kreisend – immer mehr Höhe gewann.

Jetzt flog das Flugzeug an der steilen Holzwand des Kleiderschrank vorbei. Fast hätte es dabei den großen Schrankschlüssel gestreift. Aber der Doktor riss noch im letzten Augenblick das Steuer herum. Er musste sich sehr konzentrieren und durfte sich nicht – wie die beiden anderen – dem Genuss des Fliegens hingeben. Er trug jetzt große Verantwortung. Aber Dieter und Traute sahen aus dem Flugzeug hinunter auf die interessante Landschaft des Schlafzimmers. Eigenartig sah alles von oben aus. Jetzt flogen sie über das Bett hinweg, das wie ein großer weißer Gletscher unter ihnen lag. Wieder flogen sie eine elegante Kurve vor der Wand, diesmal dicht an einem Bild vorbei. Aber die Zwerge waren zu klein, um zu erkennen, was es darstellte. Immer höher ging es. Jetzt setzte der Doktor zum Flug über den Kleiderständer an. Wird er es schaffen, passte die Flughöhe? Doch *Bums*, der Flieger saß fest. An einem Hut wollte der Doktor noch vorbeifliegen, hatte aber die Höhe unterschätzt. Und nun saßen sie auf dem Hutrand fest. Eine schöne Bescherung. Wie kam man nur wieder herunter? Es war ein Glück, dass der Hut aus weichem Filz bestand.

Der Doktor jammerte: »Eigentlich wollte ich ganz oben auf dem Kleiderschrank landen. Dort befindet sich nämlich eine weitere Katapultvorrichtung, und eine dritte steht auf dem Nachttisch, damit wir von dort aus wieder starten können. Aber auf dem Kleiderständer hatte ich leider kein Katapult vorgesehen. Wirklich eine dumme Geschichte.«

Dieter sah sich zum Handeln gezwungen und blickte sich suchend um. Vielleicht ließ sich das Flugzeug auf den Hut hinauf bringen? Wenn man es von dort hinabgleiten ließ, würde es vielleicht wieder Wind fangen? Aber der Doktor verwarf den Plan:

»Erstens werden wir es nicht schaffen, das Flugzeug auf den Hut hinaufzuzerren, dazu ist der Abhang viel zu steil, und dann gleitet es von dort schlecht ab. Außerdem sind die Filzhaare auf dem Hut so undurchdringlich wie ein Gebüsch. In diesem Urwald aus Filzhaaren würde unser Flugzeug gewiss stecken bleiben. Nein, wir müssen nach einer anderen Abflugmöglichkeit Ausschau halten.«

Traute blieb im Flugzeug sitzen, während sich die beiden ›Männer‹ auf die Suche machten. Diesmal hatten sie leider keine Klettereisen und Seile dabei, die hätten sie bei ihrer Kraxelei auf dem Hutrand sehr gut gebrauchen können. Der Hut war schon ziemlich alt und stark verstaubt, der Doktor hatte ihn seit ewiger Zeit nicht mehr aufgesetzt. Nur mühsam kamen sie auf dessen welliger und aufgerauter Krampe voran.

Mitten beim Klettern erlebte der Doktor eine Überraschung: »Ja was ist denn das?«, rief er laut. Da kroch eine große, behaarte Raupe über den Hut. An ihrem Kopf befanden sich borstenartige Haarbüschel, ebenso am anderen Körperende. »Das ist wieder so eine Raupe«, meinte er.

»Vorbeigeraten, Dieter, das ist nämlich die Larve des *Pelzkäfers*. Das ist ein ganz schlimmer Bursche. Zwar hält sich der erwachsene Käfer vom Mai an ganz harmlos im Freien auf, überwiegend auf den Blüten von Doldengewächsen. Zur Eiablage fliegen die Weibchen durchs geöffnete Fenster ins Haus. Und die Larven sind dann das große Leid der Kürschner. Wo Pelzkäfer auftreten, da werden die Pelze zernagt und die Kürschner erleiden große Verluste. Die Pelzkäfer fressen aber nicht nur Pelze, sie benagen auch Stoffe aus Wolle oder Teppiche. Und mein alter Hut hier ist ihnen ein willkommener Fraß. Morgen werde ich ihn im Hausmüll entsorgen – oder noch besser – ich werde ihn im Garten verbrennen. Ich hätte den Hut öfters ausbürsten sollen, das können solche Käfer überhaupt nicht leiden.«

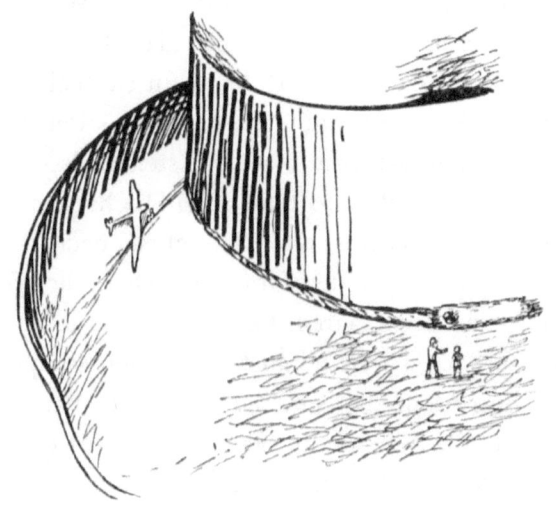

Mit vollem Eifer setzten die beiden Kinder ihre Kletterei auf dem Hut fort. Aber sie fanden noch immer keinen für den Abflug geeigneten Standort. Stattdessen entdeckte Dieter wieder ein seltsames Lebewesen:

»Was ist denn das nun schon wieder? Sieht aus wie eine Raupe, steckt in einer Hülle drin, und aus der schaut nur der Kopf raus und am anderen Ende der Schwanz. Wenn wir im Wasser wären, hielte ich das Viech für eine Köcherfliege. Da soll sich der Kuckuck zurechtfinden, Doktor, was ist es denn nun wirklich?«

»Das ist die Raupe der *Kleidermotte*, Dieter. Sie hat 16 Füße, eine hellgelbe Farbe und knabbert an meinem alten Hut herum, so ein Mistvieh. Aus dem abgenagten Stoff hat sie sich ein längliches Futteral gebaut, und wenn sie herum kriecht, dann schleppt sie ihren Wohnraum mit sich, so wie eine Schnecke ihr Haus. Man trifft sie überwiegend dort an, wo es Bettfedern gibt, also auch in Schlafzimmern. Wenn deine Mutter eine Motte in eurer Wohnung herumfliegen sieht, dann klatscht sie gewiss mit beiden Händen danach. Und damit tut sie recht, denn die Larven der Kleidermotten fressen Felle, Pelze, Polster, Wolle, sogar ausgestopfte Tiere. Sie stellen also eine große Gefahr für alle solche Stoffe dar. Im Hochsommer fliegen sie im Freien herum, wo Männchen nach Weibchen suchen. Gleich nach der Hochzeit legen die Weibchen ihre Eier zwischen Haaren, Federn oder anderen Material ab. Die aus den Eiern herauskriechenden Raupen bauen sich Wohnröhren, das sind langgestreckte, aus Abfällen gesponnene Röhren, die an beiden Enden offen sind. Die Larve streckt sowohl am vorderen, als auch am hinteren Röhrenende ihren Kopf zum Fressen raus. Hat sie alles abgefressen, dann verlängert sie die Röhre bis zum nächsten Fressplatz. An Pflanzenstoffen hat sie wenig Interesse. Baumwolle verschmäht sie ganz, an Nahrungsmitteln wie Gries oder Bohnen sieht man sie nur selten. Aber sie befindet sich an vielen Gegenständen tierischer Herkunft, was also aus Haaren und Federn hergestellt wurde. Auch an Wollstoffen, Pelzen, Teppichen, Polstermöbeln und Bürsten ist sie anzutreffen. Überall wo Käse hergestellt wird, befällt sie das Casein, den Grundstoff für die Käseherstellung. Dem Weibchen gelingt es sogar, sich auch Zutritt zu besonders gut verschlossenen Vorräten zu verschaffen. Es schiebt seine 200 Eier mit Hilfe ihrer Legeröhre am Hinterleibsende zwischen Haare, Federn oder Gewebefäden. Aus ihnen entwickeln sich in etwa 100 Tagen wieder Motten, sodass innerhalb eines Jahres etwa drei neue Generationen entstehen. Die Wut auf derartige Schädlinge ist verständlich. Aber die Jagd auf die herumfliegenden nützt kaum etwas. Denn was da durch unsere Wohnung fliegt, sind meistens Männchen, die auf der Suche nach Weibchen sind. Man sollte sie nicht jagen, sondern beobachten, wohin sie fliegen und mit ihrer Hilfe die versteckt sitzenden Weibchen und deren Brut auffinden, denn nur diese richten Schaden an. Hat man deren Verstecke herausgefunden, tötet man zuerst die in den Stofffalten verborgenen Weibchen. Dann sucht man nach den langgestreckten, gesponnenen Röhren auf dem Gewebe, auf dem Pelz oder auf der Bürste und tötet die darin befindlichen Raupen und Puppen. Und dann geht man zum dritten Angriff über, nämlich zu dem auf die Eier. Die meisten Insekten befestigen ihre Eier irgendwo mit Hilfe eines Klebstoffes. Die Mottenweibchen besitzen aber keinen, ihre Eier liegen nur lose zwischen den betroffenen Stoffen und sind durch Schütteln oder Ausklopfen leicht zu entfernen. Und sollte man einige Raupen übersehen haben, dann setzt man die befallenen Stoffe eine Zeit lang der Sonne aus, denn das ist Gift für sie.

Um Himmels willen, Dieter, jetzt habe ich wieder eine

viel zu lange Rede gehalten. Was soll denn Traute von uns denken, die im Flieger auf uns wartet. Wir müssen schnell zu ihr zurück.«

So machten sich die beiden wieder auf den Rückweg. Traute begrüßte sie, als sie nach ihrer Klettertour wieder bei ihr eintrafen, und schimpfte: »Wo habt ihr euch denn so lange rumgetrieben, ich dachte schon, ihr wäret abgestürzt!«

»Nein, Traute«, entschuldigte sich der Doktor, »wir haben Motten beobachtet und uns dabei etwas zu lange aufgehalten.«

»Habt ihr denn einen Abflugplatz gefunden?«

»Leider nicht. Ich weiß auch nicht, was wir jetzt tun können. Sollen wir hier oben auf unser Wachstum warten? Das wäre leichtsinnig. Ich schlage daher vor, dass wir mit unserem Flugzeug vom Hut hinabstürzen, vielleicht bekommen wir dabei Aufwind und können wieder fliegen.«

»Wenn das man gut geht, Doktor.« Dieter schüttelte seinen Kopf.

Aber der Doktor wollte alles wagen. Beide schoben jetzt das Flugzeug bis an den Hutrand, dann setzte sich der Doktor ans Steuer. Dieter sollte dem Flugzeug einen kräftigen Schubs geben, dabei sich hinten festhalten und während des Fluges wieder hineinklettern. Das war zwar äußerst gefährlich, aber es musste sein. Also schob Dieter das Flugzeug an, das dabei aus dem Gleichgewicht geriet und immer tiefer hinab trudelte. Der Doktor versuchte vergeblich, es in eine stabile Lage zu bringen. Doch dann bekam er Aufwind und brachte den Flieger wieder in seine Gewalt. Nachdem ihm das gelang, rief er: »Was macht denn unser Dieter?«

Der wurde bei dem anschließenden Sturzflug hin-und hergeschleudert, aber hielt sich mit letzter Kraft an einem Tragflügel fest. Es war eine irrsinnige Luftreise und er hatte große Angst, abstürzen zu müssen. Aber als sich das Flugzeug nach einer Weile wieder stabilisiert hatte, gelang es ihm, in die Kabine zu klettern. Endlich befanden sich alle drei wieder in Sicherheit.

Nach einer Weile sahen sie wieder den weißen Gletscher des Bettes unter sich. Der Doktor hatte jede Lust am weiteren Herumfliegen verloren und landete das Flugzeug auf dem Bett. Erleichtert aufatmend stiegen sie aus. Es war alles gut gegangen, wobei sie mehr Glück als Verstand hatten.

Nun stappften sie über die weiße Fläche des Bettes hinweg, die keineswegs eben war, sondern voller Hügel und Täler. Sie kamen an einem Abgrund vorbei, der sich weit ausbreitete. In dessen Tiefe war es wesentlich wärmer als auf dem Gipfel der Bettdecke.

Der Doktor sagte: »Ich weiß schon, wie dieser Gebirgskessel in meinem Bett entstanden ist. Heute morgen hatte ich nämlich einem Bettler einige Kleidungs-stücke überlassen, wobei sich der Kerl auf meine glatt gestrichene Bettdecke setzte, um Socken anzuziehen.«

Er wollte wieder weitergehen, als er von Entsetzen gepackt stehen blieb: »O Gott, seht nur, was dort herum-krabbelt! Das ist eine Wanze! Kommt ihr ja nicht zu nahe, die stinkt nämlich ganz widerlich.«

Kaum hatte der Doktor seinen Ekel überwunden, als er auch schon sein wissenschaftliches Interesse zeigte und wieder zu dozieren begann:

»Schon die Griechen und Römer kannten diese Biester. Die Holländer sagen zu den Viechern *Plättchen*, weil sie so platt sind, und im alten Berlin bezeichnete man sie als *Tapetenflundern*. Ein halbes Jahr und länger können die Wanzen hungern. Wenn sie aber Blut riechen, dann saugen sie sich so voll, dass sie Ganz dick werden. Wenn sie an der Zimmerdecke entlang krabbeln und mit ihrem feinen Geruchssinn unter sich die Ausdünstungen eines Schläfers spüren, dann lassen sie sich auf ihn hinunterfallen. Allerdings hält sie eingeschaltetes Licht davon ab, denn sie sind äußerst lichtscheu. Es heißt auch, dass Wanzen keinen Pferdegeruch mögen, weshalb man sich früher in Pferdedecken einwickelte, bevor man sich schlafen legte. Wenn die Wanzen nur nicht so schrecklich stinken würden. In ihrer Brust haben sie nämlich zwei Stinkdrüsen, deren Ausgänge sich auf der Unterseite am letzten Beinpaar befinden. Sie sondern eine ölige Flüssigkeit ab, die den widerlichen Geruch der Wanzen ausströmt. Seht ihr den Stechrüssel an ihren Kopf? Wenn er nicht benutzt wird, schlagen ihn die Tiere nach unten ein. Beim Stechen saugen sie nicht nur Blut, sondern spritzen dabei auch Speichel in die Wunde, und gerade *der* verursacht den Juckreiz. Der entsteht aber nicht – wie bei der Mücke schon während des Stechens – sondern erst dann, wenn die vollgesogene Wanze sich längst wieder davongemacht hat. Ein Weibchen legt ungefähr zweihundert walzenförmige Eier, täglich etwa zwei. Sie sind einen Millimeter lang und einen halben Millimeter breit und werden in Ritzen der Bettstellen oder hinter einer Tapete abgelegt. Nach drei Wochen krauchen ihre Kinder heraus. Die sind kälteempfindlich, und nicht alle bleiben am Leben, besonders jene, die erst im Winter auf die Welt kommen.

Bei Zimmertemperatur sind die Wanzen schon etwa nach sieben Wochen erwachsen und können wieder Eier legen. Bis dahin müssen sie sich aber noch einige Male häuten. In verwanzten Wohnungen findet man häufig diese abgestreiften Häute. Die jungen Wanzen können noch nicht so kräftig stechen wie die alten. Darum suchen sie nur zarthäutige Menschen auf, wie Kinder oder Frauen.

Aber ihr sollt wissen, dass es nicht nur Bettwanzen gibt, sondern unzählige Arten von Wanzen. Etliche ernähren sich nur von Pflanzensäften, einige überfallen andere Insekten in der Luft oder räubern im Wasser. Manche Vögel – wie die Schwalben – leiden unter einer besonderen Wanzenart. Wenn die Schwalben im Herbst in warme Länder fliegen, dann warten diese Wanzen auf ihre Rückkehr im Frühjahr. Sie sind bis dahin aber noch längst nicht verhungert. Man hat in zum Abriss vorgesehenen Gebäuden noch nach 14 Monaten lebende Bettwanzen entdeckt. Wenn ich nur jetzt schon dieses Biest töten könnte! Aber damit muss ich halt warten, bis wir wieder normalgroß geworden sind. Die Frage ist nur, ob ich es dann noch finde?«

Es war immer das Gleiche. Die Kinder staunten sprachlos, während der Doktor mit seinen Erklärungen kein Ende fand. Aber kaum hatte der Doktor seine Rede beendet, da kroch eine viel größere Wanze auf die Bettwanze zu. Es war eine *Schreitwanze*, eine Raubwanze, die zweifellos auch von dem Bettler stammte. Sie hatte längere Beine, besaß sogar Flügel und konnte sogar – wie der Doktor später erzählte – Zirpgeräusche von sich geben. Eine Wanze, die zirpen kann, ist das nicht merkwürdig? Die Schreitwanze bohrte jetzt von oben ihren Stechrüssel in die Bettwanze und spritzte ihr tödliches Gift hinein. Danach saugte sie das Opfer aus.

»Ich werde mich gleich morgen früh auf die Suche nach der Schreitwanze machen und hoffe, sie in irgendeiner Ritze vorzufinden und dann töten zu können. Denn auch diese Wanzenart greift Menschen an, ist also genauso schädlich wie die Bettwanze.«

Die Kinder hatten jetzt genug über Wanzen erfahren und setzten rasch ihren Weg fort, immer auf dem Bettgletscher entlang. Der Doktor brach die Beobachtung der Schreitwanze ab, denn er wollte die Kinder nicht allein lassen. Endlich erreichten die drei einen Steg, der vom Bett auf den Nachttisch führte. Der Doktor hatte ein Lineal über den Abgrund gelegt, für die Zwerge war das Lineal so breit wie eine Autostraße. Auf dem Nachttisch lauschte der Doktor angespannt. Dann vernahmen auch die beiden Kinder ein Geräusch, worauf der Doktor anscheinend gewartet hatte. Es pochte und klopfte im Holz. Sollte das womöglich vom *Klopfkäfer* oder der *Totenuhr* herrühren?

»Hört ihr den Klopfkäfer?«, sagte der Doktor, »nur wo totale Stille herrscht, kann man dessen Klopfen vernehmen. Abergläubische Menschen meinen dann, die Totenuhr klopfe und jemand müsse sterben. Das ist natürlich Unsinn. Aber jetzt wollen wir mal dem Gesellen einen Besuch abstatten.«

Die drei gingen bis zum Rand des Nachttischs und

sahen weit unter sich den Fußboden. Man konnte schwindelig werden vor diesem steilen Abgrund. Da – ein wenig tiefer – befand sich auf einem Absatz ein mehlartiges Häufchen, vielleicht war es das Bohrmehl des Holzwurms? Dann müsste sich doch unter dem Häufchen dessen Bohrloch befinden.

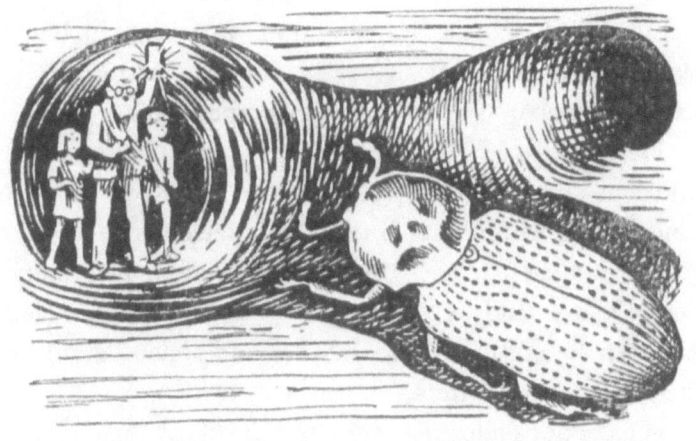

»Hier ist es, direkt unter uns«, schrie Dieter. Der Doktor hatte am Rand ein Seil befestigt, daran mussten die drei hinabklettern, bis sie das Eingangsloch des Bohrwurms erreichten. Kreisrund war die Öffnung wie auch der tunnelartige Gang, den sie betraten. Der Doktor holte eine kleine Laterne hervor, denn auf den Besuch des Klopfkäfers hatte er sich schon am Morgen vorbereitet.

Die drei schritten durch dunkle Gänge, gingen kreuz und quer, befürchteten schon, den Ausgang nicht wiederzufinden. Während der Suche nach dem Käfer erklärte der Doktor:

»Der Bohrwurm ist nämlich gar kein Wurm, sondern die Larve eines Käfers Die Larve hat sechs Beine, ist sehr weich und sieht weißlich aus. Aber die Kinnbacken des Bohrwurms sind sehr kräftig, denn mit denen muss er ja das Holz benagen, und das erfordert Kraft. Etwa im Mai nagen sich die Bohrwürmer eine Höhle, verpuppen sich darin, und nach einigen Wochen kommt der Käfer zum Vorschein, unser gespenstischer Klopfkäfer. Im Frühsommer begibt er sich auf die Hochzeitsreise.« Der Doktor lachte: »Weil sich der Bursche noch immer nicht blicken lässt, will ich ihn mal an der Nase herumführen. Er soll nämlich glauben, seine Braut wäre eingetroffen.«

Der Doktor klopfte jetzt mit seinem Stiefel so schnell und laut auf das Holz, genau wie es der Klopfkäfer tut. Und richtig, kaum hatte er diese Klopfzeichen gegeben, da antwortete die *Totenuhr* mit ihrem Klopfen. Das machte dem Doktor und den Kindern Spaß, und immer wieder klopften sie auf dem Holz herum, und gleich darauf kam die Antwort des Käfers.

»Der Klopfkäfer ist verliebt, er klopft nach seiner Braut, er will Hochzeit halten und bekommt die Antwort. Ist das nicht wunderbar?«, sagte der Doktor.

Als die drei um eine Kurve herumbogen, erblickten sie endlich den Käfer. Es war ein braunschwarzer Geselle; er hatte einen dicken Kopf, mit dem er andauernd an die Tunneldecke stieß. Dabei hielt er die Fühler eingezogen und den Körper schräg nach oben gerichtet.

»Sieht dieser Dickkopf nicht putzig aus, wenn er so *bumm bumm* macht?«, sagte der Doktor ganz leise. »Die Sehnsucht nach einem Weibchen drückt er durch dieses Klopfen aus. Und da glauben manche Leute, er brächte einem Kranken den Tod. Das ist natürlich Quatsch. Übrigens bezeichnet man diesen Burschen auch als

Trotzkopf. Allerdings nicht, weil er so einen dicken Kopf hat, sondern weil er sich bei Gefahr totstellt. Die angebliche Todesstarre will bei ihm gar kein Ende finden.«

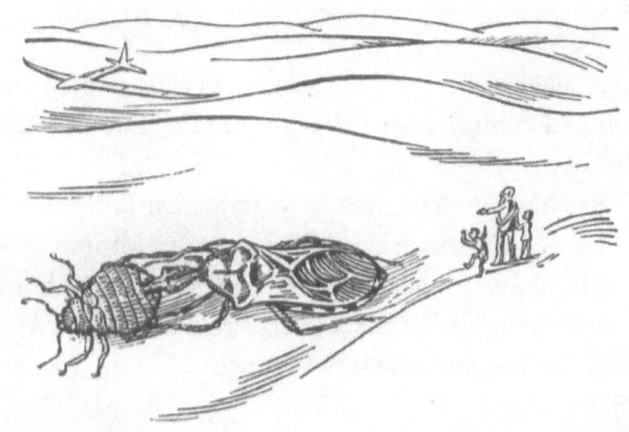

Während die Kinder das weitere Verhalten des Käfers betrachteten, drängte der Doktor:

»Ich denke, es wird höchste Zeit zur Umkehr. Zu lange schon sind wir unterwegs. Wir müssen das Bett erreichen und von dort schnell abfliegen, damit wir erst auf dem Fußboden wieder wachsen.«

Die Kinder hatten Angst davor, im Holz des Nachttischs wieder größer zu werden. Alle fanden gleich den Tunnelausgang, kletterten auf die Nachttischplatte, rannten über die Linealbrücke und dann weiter über den endlos erscheinenden Gletscher des Bettes. Da stand ja das Segelflugzeug. Es wurde rasch zum Katapult geschoben, dann dort eingespannt, und für die Luftfahrt war alles klar. Aber schon während der ersten Vorbereitungen setzte das Wachstum ein. Es zuckte und prickelte in ihren Körpern, es riss und zog an allen Gliedern. Und als die drei ihre Normalgröße erreicht hatten, da standen sie auf der weißen Bettdecke des Doktor Kleinermacher. »Schnell runter von hier, wir alle haben doch noch Straßenschuhe an!«, rief Traute, die dabei vom Bett runtersprang.

Als alle am Esstisch saßen und sich über die heutigen Erlebnisse unterhielten, begann Traute plötzlich laut zu lachen.

»Was hast du denn, Traute?«, fragte der Doktor.

»Ach, es war doch zu drollig, wie du vorhin die Braut des Klopfkäfers machtest. Das war wirklich zu komisch. Unser Doktor Kleinermacher als Braut eines Käfers!«

Und da mussten alle drei laut lachen.

IM DÜSEN-JET UND HUBSCHRAUBER
DURCH DEN DACHBODEN

Tage und Wochen vergingen, ehe der Doktor wieder etwas von sich hören ließ. Dieter und Traute dachten schon, der Doktor hätte ihnen den Spott mit der Klopfkäferbraut übelgenommen. Oder war ihm etwas zugestoßen? Das wäre ja ... Schließlich hielten es die Kinder nicht mehr aus und suchten ihren Doktor Kleinermacher auf.

»Bist du uns wegen der Frozzeleien neulich böse, als wir dich als ›Braut des Klopfkäfers‹ bezeichneten?«

»Aber Kinder, seit wann bin ich denn Spielverderber und Übelnehmer? Ich kann recht gut eine lustige Verkohlerei von einer böswilligen Beleidigung unterscheiden. Menschen, die sich als meine Freunde fühlen, denen nehme ich nichts übel. Da lache ich sogar mit. Es gibt aber auch Leute, die wollen beleidigen und einem wehtun. Die würde ich achtkantig zur Tür hinausschmeißen. Aber habt nur keine Sorge, zu denen gehört ihr nicht.«

»Aber was hast du denn die ganze Zeit gemacht, Doktor? Hast du vielleicht nochmals Fräulein Klopfkäfer gespielt?«

Da konnte der Doktor nur noch grinsen.

Bald saßen die drei bei lebhafter Unterhaltung am Esstisch, als der Doktor aufsprang:

»Kinder, wir dürfen über allen unseren Späßen nicht

unser neues Abenteuer vergessen.«

»Und, wo geht es denn diesmal hin?«, fragte Dieter. »Wir haben doch schon das ganze Haus durchstöbert?«

»Nein, auf dem Dachboden waren wir noch nicht!«, sagte der Doktor. »Direkt unter dem Dach, dort wollen wir das nächste Abenteuer erleben.«

Alle drei kletterten über eine steile Treppe zum Dachboden hinauf. Dieter traf dort als erster ein, ihm folgte Traute und der Doktor. Kaum war sie oben angekommen, da rief sie: »Doktor, hier fliegt eine Fledermaus, eine niedliche Fledermaus. Ich habe mal gehört, dass Fledermäuse den Frauen in die Haare fliegen, sich dort festbeißen und dann ihr Blut saugen? Das sind doch gewiss nur Ammenmärchen – oder?«

»So ganz aus der Luft gegriffen ist dieses Ammenmärchen nicht. Es gibt in Amerika Fledermäuse, sogenannte Vampire, die tatsächlich Blut saugen. Sie fallen Pferde und andere Großtiere an, ja, manchmal sogar auch schlafende Menschen, deren Blut sie trinken. Schon vor etwa hundertfünfzig Jahren haben zwei große Naturforscher darüber berichtet, wie der deutsche *Alexander von Humboldt* und der Engländer *Darwin*, und ihre Angaben sind oft bestätigt worden.

Aber nicht alle Fledermäuse saugen Blut, auch nicht alle in Amerika. Die meisten ernähren sich von Insekten, manche auch von Vogeleiern und Früchten. Aber was ist mit unseren Fledermäusen? Man sagt, dass zwei Arten unserer heimischen Fledermäuse hin und wieder Blut saugen, nämlich die *Hufeisennase* und die *Ohrenfledermaus*.«

Jetzt bekam Traute Angst. »Ist das hier eine Hufeisennase oder eine Ohrenfledermaus? Doktor, die ist doch gefährlich für mich, die fliegt auch in Mädchenhaare!« Sie bedeckte ängstlich ihren Kopf mit beiden Händen.

»Nicht doch, nicht doch«, beruhigte sie der Doktor, »das alles ist nur halb so schlimm. Diese beiden Fledermausarten saugen nur gelegentlich an ihresgleichen. Sie scheuen das Licht – wie alle Fledermäuse – und sitzen tagsüber in Höhlen, Baumlöchern oder alten Türmen. Wenn nun schlechtes Wetter ist und sie nicht auf Insektenfang ausfliegen können, der Hunger aber quält, dann knabbern sie gelegentlich einen Nachbarn an und lecken dessen herausfließendes Blut. Es ist auch schon vorgekommen, dass sie in Taubenschlägen, wo sie sich zuweilen auch verstecken, hilflose junge Tauben angesaugt haben. Aber das kommt nur ganz selten vor. Um den Menschen ins Haar zu fliegen, sind Fledermäuse viel zu feinnervig. Sie sind ausgesprochene Tasttiere. Und die Fledermaus, die hier herumfliegt, das ist die kleinste ganz Europas, nämlich die *Zwergfledermaus*.«

Dieter fragte: »Du sagtest Tasttiere, was soll das bedeuten?«

Der Doktor erklärte: »Ja, Dieter, da habe ich viel zu erzählen. Ein berühmter Zoologe sagte einmal, alle Tiere hätten fünf Sinne wie wir. Aber stets habe sich e i n Sinn zum Hauptsinn entwickelt. Die Hunde, Pferde, Elefanten, Rehe usw. haben als Hauptsinn die Nase. Sie riechen zuerst die Gefahr und das Futter, ihre Augen sind weniger gut. Die meisten Vögel, vor allem Falken und Geier sind Augentiere. Ihr Geruch ist sehr schwach entwickelt. Schlangen und Fledermäuse sind nun ausgesprochene Tasttiere. Um den Mund, an der Nase und selbst auf den

Flügeln haben die Fledermäuse Tasthaare, und damit
tasten sie so gut, dass sie selbst im Dunkeln nirgends
anstoßen. Um nun zu ermitteln, wie weit das Tastver-
mögen der Fledermäuse geht, habe ich hier oben
zahlreiche, mit Kreidestaub beschmierte Schnüre gezogen.
Nun passt mal auf.«

Dieter musste die Bodenluke lichtdicht verschließen.
Jetzt lag die Dachkammer ganz im Dunkeln. Der Doktor
scheuchte nun die Fledermaus auf, die dann durch den
Raum flog, immer hin und her, aber nirgends wurde ihr
Flug durch eine der Schnüre behindert. Auch Trautes
Haar blieb verschont. Jetzt musste Dieter die Dachluke
wieder öffnen. Immer noch flog die Fledermaus durch
den Raum, aber kein aufgewirbelter Kreidestaub ließ

erkennen, dass sie an eine Schnur gestoßen wäre. Mit ihrem feinen Tastsinn war die Fledermaus jedem Hindernis geschickt ausgewichen.

Dieter staunte: »Das ist wirklich allerhand. So sensibel sind also die Fledermäuse.«

Als sich bei den Kindern das Erstaunen wieder gelegt hatte, erkundigte sich Dieter:

»Doktor, wollen wir uns denn heute nicht mehr verkleinern?«

Aber bei Doktor Kleinermacher gab es natürlich kein Abenteuer ohne Verkleinerung. Er führte die Kinder zu zwei winzigen Flugzeugen. Das eine arbeitete nach dem Rückstoßprinzip und hatte eine Rakete eingebaut. Die bestand aber nicht aus einer Verbrennungskammer, sondern erzeugte den Rückstoß durch Gase, die mit großer Geschwindigkeit aus einer Düse ausströmten.

»Verbrennungsgase wären hier oben zwischen den trockenen Dachbalken zu gefährlich«, erläuterte der Doktor. »Darum habe ich an diesem Düsenflieger einen Behälter mit verflüssigtem Gas angebracht. Sobald ich das Ventil öffne, strömt Gas mit Hochdruck aus der Düse und treibt das Flugzeug an. Allerdings langt das Gas nur für den einmaligen Start. Ist man in der Luft, wird das Düsenflugzeug zum Gleitflieger.«

Das zweite Flugzeug im Liliputformat hatte einen Propellerantrieb, aber außerdem noch Rotorflügel oberhalb des Fahrgestells. Mit diesem Hubschrauber konnte man vorwärts, rückwärts, aufwärts und seitwärts fliegen, ja, sogar in der Luft stillstehen. Die Kinder kannten diesen Hubschrauber schon. Im vorigen Jahr war der Doktor mit ihnen im gleichen Fahrzeug auf die Fliegen- und Vogeljagd gegangen. Leider blieb damals der Hubschrauber in einem Spinnennetz hängen.

Diesmal sollten sie wieder fliegen, und so mussten denn die drei Fahrgäste so klein wie Fliegen werden. Der Doktor hatte bereits die entsprechende Menge Wunderwasser in die Messbecher eingefüllt, den alle gleichzeitig austranken. Wie immer schrumpften ihre Körper solange ein, bis sie so klein wie Zimmerfliegen geworden waren.

Die drei Winzlinge bestiegen jetzt das Düsenflugzeug. Ein Glasdach über den Sitzen sollte vor dem Angriff irgendeines Tieres schützen.

»Achtung! Festschnallen! Fertig?«

Der Doktor wusste die Spannung der Kinder für diesen ersten Flug mit Düsenantrieb zu steigern. Besonders Dieter war aufs höchste gespannt, wie die Sache weitergehen würde.

»Wir starten!« Der Doktor öffnete ein Ventil, worauf ein Höllenlärm einsetzte. Aber das Flugzeug bewegte sich noch nicht. Dieter erhob sich und wollte aus dem Fenster schauen, als er – wie von einer gewaltigen Faust gepackt – auf den Sitz gedrückt wurde. Immer schwerer, immer schlapper kam er sich vor. Erst jetzt wurde ihm klar, dass das Flugzeug mit ungeheurer Geschwindigkeit davonflog. Schon befürchtete er, dass es an der Wand zerschellen würde, als der Rückstoß nachließ und der Doktor es in eine steile Linkskurve zwang. Das Schweregefühl ließ ebenfalls nach, und das Flugzeug setzte zu einem eleganten Gleitflug an. Dabei umflog er geschickt die ausgespannten Zwirnsfäden, die den Winzlingen wie dicke

Seile erschienen. Er hatte also das Flugzeug fest im Griff. Lächelnd blickte er sich um. »Toll, was?«, rief er. Dieter und Traute waren begeistert.

Vom Fenster aus sahen sie auf das andere Flugzeug. Dorthin lenkte der Doktor den langsam und sicher hinabgleitenden Düsenflieger, wobei er die Kinder auf manch fliegendes Insekt aufmerksam machte, das gerade die Flugbahn kreuzte.

Nach der Landung stiegen sie gleich um. Doch kaum hatte der Doktor den Propeller angeworfen und seinen Pilotensitz eingenommen, als sich eine Ratte dem Flugzeug näherte. Aber zum Glück drehten sich bereits die Rotorflügel und schon nach wenigen Sekunden schwebte der Hubschrauber über dem Nagetier. Dieter wollte das Maschinengewehr bedienen, denn der Doktor hatte wieder eine Waffe eingebaut, aber der Doktor hielt ihn zurück: »Lass das sein, Dieter, diese Ratte steht bei mir nämlich unter Naturschutz.«

»Aber Doktor, seit wann schützt du denn Ratten? Ratten muss man doch töten, das hast du doch selbst gesagt. Eine Ratte unter Naturschutz, hat man je so etwas gehört?«

Der Doktor antwortete: »Dazu könnte ich dir viel erzählen. Zur Zeit der Völkerwanderung kamen die ersten Hausratten nach Europa. Vermutlich kamen sie, wie vieles Ungeziefer, aus dem Orient. Bald wurden sie zu einer echten Landplage. Im 15. Jahrhundert verhängte der Bischof von Autum den Kirchenbann über die Tiere. In Sondershausen setzte man einen Buß- und Bettag gegen sie ein. Aber die gottlosen Ratten machten sich aus der Kirche noch weniger als aus den Kammerjägern. Der

Rattenfänger von Hameln soll da erfolgreicher gewesen sein.

Die Hausratten hatten es so lange gut in Europa, bis die Wanderratten aus Asien eintrafen. Die Wanderratten sind etwas größer, haben ein kräftigeres Gebiss, aber einen kleineren Schwanz. Immer wieder kam es zu Kämpfen zwischen Haus- und Wanderratten. Die Hausratten unterlagen nach und nach den wesentlich stärkeren Wanderratten, und gelten bei uns als nahezu ausgerottet. Nur noch auf Dachböden oder in Kellern alter Häuser sind sie gelegentlich anzutreffen. Doch nun wollen wir sehen, was unsere Zwergfledermaus macht.«

Der Doktor setzte nun den Hubschrauber in Bewegung und kurvte ihn sicher durch den Dachbodenraum. Die Kinder genossen auch diesen Flug mit Begeisterung. Beim Hinabschauen entdeckten sie auf dem Boden ein kleines Häufchen. »Das ist eine Hinterlassenschaft unserer Fledermaus«, sagte der Doktor. »Das werde ich morgen aufkehren und im Garten eingraben. Der Kot der Fledermaus ist nämlich genauso wertvoll wie Guano. Und der stammt von Vögeln aus den regenarmen Gebieten Südamerikas und Afrikas. Obwohl vom Guano stets riesige Mengen nach Europa verschifft werden, häuft er sich in den Ursprungsländern ständig weiter an.«

An einem Balken hing die Fledermaus. Mit dem Kopf nach unten und eingehüllt in ihre Flügel.

»Die Fledermäuse sind sehr nützlich«, erklärte der Doktor. »Wenn die Dämmerung einsetzt, dann fliegen sie aus und fangen sich allerlei Insekten. Besonders unter den Mücken räumen die Fledermäuse auf. Sie sind erstklassige

Mückenvertilger. Sie selbst aber werden von den Raubvögeln, wie Eulen und Turmfalken, geholt und auch von dummen Menschen gefangen. Im Herbst feiern die Tiere Hochzeit, aber ihre Flitterwochen verbringen sie im Winterschlaf. Dabei sinkt ihre Bluttemperatur von 32 bis auf 12 Grad Celsius ab. Wir Menschen würden dabei sicher den Kältetod erleiden. Im Frühjahr wachen sie wieder auf, dann kommt ihr Nachwuchs auf die Welt. Aber wie bei allen Tieren ist der Winterschlaf nicht andauernd. Auch die Fledermäuse wachen hin und wieder auf, besonders bei Tauwetter, und machen kurze Ausflüge. Dann schlafen sie weiter.«

Jetzt hatte Dieter wieder etwas entdeckt. Im Balken sah er ein Loch, so groß, dass die drei bequem hineingehen konnten: »Doktor, dort ist wohl wieder der Klopfkäfer zuhause. Wollen wir da hineingehen?«

Der Doktor flog mit dem Hubschrauber dicht heran und hielt ihn in der Luft schwebend an:

»Aber Dieter, das ist doch kein Loch des Klopfkäfers! Damals waren wir so groß wie Flöhe, da konnten wir uns gerade in den Gang des Käfers hineinzwängen. Jetzt sind wir so groß wie Fliegen und passen noch bequemer hinein. Ein Klopfkäferloch kann es demnach nicht sein, dafür ist es viel zu groß.«

»Na und, was kann es sonst sein? Wollen wir nicht mal hineingehen?«

»Das ist kaum möglich, denn es ist mit Unrat und Holzstaub vollgestopft, für uns daher nicht passierbar.«

»Aha, Doktor, du weißt also schon, was für ein Tier darin haust. Wie heißt es?«

»Das will ich euch nicht verraten. Ihr werdet euch wundern.«

Der Doktor hatte das kaum ausgesprochen, als sich schon Leben im Holzloch zeigte. Es rumorte und staubte, und hervor kam eine etwa vier Zentimeter langes Insekt. Es hatte gelbe Fühler und einen walzenförmigen, stahlblauen Leib. Seine Beine waren genauso gelb wie die Fühler. Ängstlich duckte sich Traute im Flugzeug, aber das Tier unternahm keinen Angriff, sondern flog brummend zum Dachfenster hin und an der Glasscheibe auf und ab.

»Doktor, Doktor, wir können nur immerzu fragen, was ist denn dies, was ist denn jenes? Jetzt kriechen sogar aus deinen Dachbalken riesige Insekten hervor.«

Und der Doktor hatte wieder etwas Wunderbares zu

erzählen:

»Im Wald – hoch oben in den Baumkronen – da flog einmal eine weibliche *Fichtenholzwespe*, so nennt man diese Riesenwespe. Als eine Fichte gefällt wurde, kam sie herbei, schob ihren Legebohrer in das Holz und legte ein Ei hinein. Dann flog sie wieder weg. Aus dem Ei entwickelte sich eine kleine Wespenlarve. Sie war blind, was sollte sie im Holz auch sehen? Ihr Körper war elfenbeinfarbig, und am Körperende befand sich ein kleiner Stachel. Weich war alles an dem Larvenkörper, nur das Kauwerkzeug war kräftig, denn die Larve musste viel Holz fressen, wenn sie satt werden wollte.

Ein Balken aus diesem Baumstamm geriet in meine Bodenkammer. Die Larve fraß von dem Holz, wuchs aber nur langsam, denn Holz ist minderwertige Nahrung. Einen meterlangen Fressgang knabberte sie sich durch den Balken, den Gang hinter sich füllte sie mit Kot und Mulm an. Endlich – nach Jahren der Entwicklung – verpuppte sie sich, und soeben kam sie als fertige Fichtenholzwespe herausgeflogen. Nun brummt sie innen an der Fensterscheibe der Dachluke und will hinaus. Ist das nicht wie ein Märchen? Eine Holzwespe wird in der Dachkammer geboren und will wieder zurück in ihre Heimat, den Wald? Warte nur, große Riesenwespe, wenn ich erst wieder normalgroß geworden bin, öffne ich dir die Dachluke, und dann kannst du fortfliegen, hinein in den Wald.«

Der Doktor atmete tief ein, so als wäre es die Waldluft. Dann fuhr er fort:

»Sich als weichhäutiges Tier durchs Holz zu fressen, ist keine leichte Arbeit. Aber die Larven der Holzfresser besitzen kräftige Kauwerkzeuge, ganz besonders aber die der Holzwespen. Nachdem sie – von außen nicht sichtbar – Dachbalken, Dielenbretter, Fensterrahmen oder Möbel total zerfressen haben, kommen sie eines Tages als Fichtenholzwespen heraus.«

Der Doktor steuerte den Hubschrauber zu der Riesenwespe hin, als der Motor zu stottern begann. Entweder war die Kraftstoffleitung verstopft, oder eine Zündkerze funktionierte nicht. Aber Glück muss der Mensch haben. Dem Doktor gelang es gerade noch, das Flugzeug sanft auf den Boden zu setzen. Was nun? Der Doktor überprüfte den Motor, der auf einmal wieder ganz ruckfrei lief. Ein nochmaliger Start kam jedoch nicht infrage, das wäre zu leichtsinnig. »Verdammter Mist«, fluchte der Doktor, »diese Scheißkarre….« Aber bevor er weitere Flüche ausstieß, setzte das Wachstum ein. Jetzt war es wohl vorbei mit der ganzen Fliegerei, die nichts als Probleme bereitet hatte. Schnell wurden alle drei größer und größer, der Hubschrauber dagegen war jetzt nur noch ganz winzig.

Schon am nächsten Tag klopften die beiden Kinder wieder bei Doktor Kleinermacher an.

»Was unternehmen wir denn heute, Doktorchen?«, fragte Dieter.

»Leider gar nichts, ihr Lieben, denn ich muss für eine Weile verreisen. Außerdem bin ich damit beschäftigt, ein Buch über unsere *Erlebnisse zwischen Keller und Dach* zu schreiben. Das beansprucht viel Zeit und verlangt absolute Konzentration, damit auch keines unserer Abenteuer unerwähnt bleibt. Habt also Geduld bis zum nächsten Jahr. Dann werden wir zusammen viele neue Abenteuer erleben, und zwar in meinem Garten und dem angrenzenden Wald.«

* * * * *

Waren das nicht ganz tolle Erlebnisse zwischen Keller und Dach? So viele verschiedene Lebewesen in einem einzigen Haus, das hätten Dieter und Traute nicht für möglich gehalten. Es war tatsächlich wie ein kleiner Zoo. Wo man auch mit Doktor Kleinermacher hingeht, entdeckt man die seltsamsten Dinge.

Ja, liebe Leser, Dieter und Traute werden noch weitere, spannende Abenteuer mit ihrem Doktor Kleinermacher erleben.

* * * * *

HINWEISE DES HERAUSGEBERS

Liebe Leserin, lieber Leser,

alle drei Bücher der
»DOKTOR-KLEINERMACHER-TRILOGIE«
wurden von mir überarbeitet und neugefasst:

1. **Doktor Kleinermacher führt Dieter in die Welt**
   - Kindle E-Book
   - Taschenbuch ISBN 978-1545523537
2. **Doktor Kleinermachers Erlebnisse**
   zwischen Keller und Dach
   - Kindle E-Book
3. **Abenteuer in Doktor Kleinermachers Garten**
   - Kindle E-Book
   - Taschenbuch ISBN 978-1508613329

Weitere Informationen zu meinen E-Books
und Taschenbüchern finden Sie auf meiner Website
www.chsautor.de.

Hier empfehle ich Ihnen unter anderem den Thriller

   »DIE VERFÜHRUNG«

*Ein pensionierter Biologielehrer überredet ein jugendliches Geschwisterpaar,
sich mit ihm auf Insektengröße verkleinern zu lassen, um gemeinsame
Exkursionen in die Welt der Kleinlebewesen zu unternehmen. Dazu
kommt es aber nicht, sondern zu Ereignissen, die den Leser bis zum völlig
überraschenden Ende in Bann halten.*

   Kindle E-Book
   Taschenbuch ISBN 978-1542418591

Claus H. Stumpff